髪が
女のすべてを
決める

kida shogo
木田 昌吾

SOGO HOREI PUBLISHING CO., LTD

はじめに　カウンセリングの前に

「キレイ」は幸せへの扉

自分に自信がない。毎日がドンヨリしている。他の誰かの生活が何だかうらやましい。気に入っていない髪の毛をどうにかしたい……。

この本を手に取ってくださったあなたは、このような想いを抱えているのかもしれません。そんなあなたに、まずはこの言葉を贈ります。

「おめでとうございます！」

全然おめでたくないよ、と思ったかもしれません。でも、自分の悩みや問題に気づき、この本を手に取った段階で、あなたはもう変わり始めています。

だから、新しい人生を踏み出したあなたをお祝いしたいのです。

はじめまして、美容師の木田《きだ》昌吾《しょうご》です。

美容の世界に入って約20年。これまで、約3万人のお客様に接してきました。

現在は「髪質改善」と「ライフスタイルに合ったデザインの提供」をコンセプトとする美容室を都内で2店舗経営し、お客様のさまざまな悩みに寄り添い、幸せで豊かな人生を送るお手伝いをしています。

美容師になったきっかけは、１９９０年代後半に起こった空前の「カリスマ美容師ブーム」でした。今でこそ「お客様を幸せにする」という大きな理想を持っていますが、美容師が主人公の大人気ドラマにも感化され、当初は「美容師＝モテる職業」という軽い気持ちで美容の道に入りました。でも、仲間と切磋琢磨するうちにやりがいを見出し、技術を磨くことにのめり込んでいきました。

そして、たくさんのお客様と接する中で、美容師にとって一番大切なことは、単に髪を切る・染めるなどの技術を売ることではなく、その先にある「幸せな人生」へお客様を後押しすることなのだと気づいたのです。


始まりは、ある女性との出会いでした。

アシスタント時代、カットモデルを引き受けてくださった方です。ときどき街で見かけて「あまりお手入れされていないだろうな」と思われる髪がずっと気になっていました。1年以上は美容室に行っていないように見えました。

そんなある日カットモデルが見つからず困り果てた私は、ふとその方を思い出しました。そして、よく見かける場所へ行き、思い切って声をかけてみたのです。

「すみません!!! ぜひ、私に髪を切らせてください。絶対素敵にします」

最初はすごく怪しまれ、煙たがられていましたが、30分以上お願いし続けて何とか了承していただきました。

お店に来てくださったその女性はなんと60代くらいのホームレスの方でした。その女性の髪を、私は丹精込めて4~5回シャンプーしました。

傷みも強く、こびりついた皮脂でもつれたようになってしまった髪を、まずきれいにしてあげたかったのです。

丁寧に洗い上げて髪がきれいになったとき、初めはいぶかしげで無愛想だった顔がパッと輝きました。そして、腰くらいまで伸びきって傷んでいた毛先もバッサリカットし、あごのラインがキレイに見えるボブスタイルに仕上げました。

そして、施術を終えたとき、本当に嬉しそうに「ありがとう」とおっしゃった表情に、ハッとしたのです。

その瞬間、私は「女性にとってキレイであることには特別な価値があるのだ」と気づきました。

女性なら誰でも「キレイになりたい」という想いがある。美容師はその気持ちに向き合い、幸せにすることができる仕事なのだと悟りました。

私は「幸せ」とはそんなに難しいものではなく、このときの女性の笑顔が爆発したような高揚感、「ワクワク」すること、「楽しさ」を感じることなのだと思っています。幸せは特定の状態ではなく、一瞬一瞬の感情なのです。

もちろん感情ですから必ず波はあります。でも、何かにワクワクして「楽しい！」という状態を「ＫＥＥＰ」できれば、ずっと幸せな気持ちでいることができるでしょう。そして、豊かな人になれるはずです。

そして、常に「ワクワク」するためには、本当に自分らしい「自己表現」をすることが大切なのです。ここで言う自己表現とは、自分らしく生きること。自分の理想の人生や夢を叶えたり、自分の想いを素直に伝えたりしていくことです。

その手段の一つとして、髪があります。

キレイになった自分にワクワクする。自分らしい姿にワクワクする。

そのとき、あなたは幸せの扉に手をかけています。

髪は幸せになるための大切なツールなのです。

メイクより、服より、髪

「キレイになれば良いなら、メイクやファッションを頑張れば良いんじゃない？」と思うかもしれません。

でも、髪は特別！

なぜなら、髪はあなたの体の一部、つまりあなた自身だからです。

「今日のリップの色、良いね」は、あなたというよりコスメが褒められています。

「そのワンピースかわいいね」も、あなたというより服が褒められています。

でも「髪がキレイだね」は、あなたの一部、つまりあなた自身が褒められています。

「その髪をしているあなたは最高！」ということなのです。

だから、コスメや服より、髪を褒められたときは何倍も嬉しいはず。

お店で「その髪ステキねって褒められたの」と嬉しそうに報告してくださるお客様は、自信に満ちあふれています。髪を褒められたことで、ご自身を誇らしく思うことができます。自尊心を高めるツールとして、髪は最強と言えるでしょう。

「自分のことが好き」という自己肯定感が高い状態が続けば、マイナスの感情の波も乗り越えて、いつもワクワクした気持ちでいられます。

そして、ワクワクやドキドキからくる「心からの笑顔」こそ、最高の美しさだと思います。

髪のキレイは外と内から

髪のコンディションを維持するために、欠かせないケアのポイントが3つあります。

①ダメージの少ないシャンプーを使う
②体の内側から髪質を整える「インナービューティー」
③心身ともに充実した日々

私は、一人ひとりの髪質や頭皮の状態に合ったシャンプーを選ぶことができる「シャンプーソムリエ」という資格を持っています。

お客様の中には、遠方からシャンプーの相談に来る方もいらっしゃいます。

でも、実際には、美容室ではトリートメントをするのに、家で使うシャンプーやトリートメントにはあまり関心のない方が多いなと感じています。だから、みなさんに正しいシャンプーの知識を伝えるのも、私の大切な仕事だと思っています。

また「分子栄養学（オーソモレキュラー医学）」を学び、お客様の健康に関する相談にも乗っています。

分子栄養学とは、分子レベルで最適な量の栄養を取り入れて体を健やかにすることを目的としています。髪の悩みは体の不調が原因であることも多いからです。

シャンプーや生活を改善した方は髪が変わり、キレイになることを実感して驚かれます。

まず、髪の状態が良くなると、ヘアスタイルが洗練されます。さらに、体調が良くなり、肌もキレイになれば、おのずと精神的にも安定するでしょう。

髪という入り口から、心も体も健康的で美しくなり「毎日がワクワク楽しい」というハッピーな軌道に乗って、人生が好転したお客様は数えきれないほどです。

「習慣は結果を変える」と言います。毎日の習慣であるヘアケアを変えるだけで、日々の生活が充実するきっかけになるのです。


実は、これは私の実体験でもあります。

28歳のとき、東京の自由が丘の商店街で美容室を営む父にステージ4の肺がんが見つかり、大手の美容室で働いていた私は4席しかない小さな父の店を継ごうと決意しました。店舗経営のノウハウもないまま、突然経営とサロンワークを担うことになり、数年間は無我夢中でした。

従業員との関係作りに腐心しながらカメラの勉強も始め、撮影した写真をサイトに掲載して、新規顧客の開拓に取り組みました。その傍《かたわ》らプロが髪に関する化学的な知識を学ぶ学校にも通いました。その結果「髪質改善」という武器で父のお店の経営を立て直し、独立開業することができました。

でも、その頃、多忙な毎日と30歳をすぎて代謝が下がったことが重なり、急激に体型や髪質が変化していました。

髪と若いときの引き締まった体が、どんどん退化していったのです。

美容師にありがちな不規則で栄養の偏った食生活や睡眠不足などの生活習慣の乱れは、すぐに取り戻せないほど悪化していました。

体重は大幅に増え、ストレスをため込み「何のために美容師をしているのか？」ということも忘れてしまっていました。

「このままではいけない」と、一念発起して取りかかったのが、栄養バランスの調整です。すると、朝の目覚めが良くなりました。技術の練習やビジネスの勉強に意欲的に向かえるようになったのです。ワクワクする心が戻ってくるとともにストレスも減り、従業員との関係も自然とスムーズになっていました。

体調を整えることで、負のスパイラルを断ち切ることができたのです。

そして、気づけばマイナス13キロ。今も体型は変わっていませんし、抜け毛も減りました。

美容と健康は切り離せないもの。心身ともに美しくあるためにお客様に伝えていることは、私が身をもって得た知恵なのです。

大切なのは「今」の気分

以前は、自分が「最適だ」と考えたヘアデザインを、お客様へ強くご提案していたこともあります。

でも、ある日気づいたのです。思い通りに仕上がって「完璧だ！ この人の顔立ちや頭の形をキレイに見せていて、すごく似合っている！」とワクワクしている私のテンションとは正反対に、お客様が浮かない顔をしていることに。

それから、経験を重ねるうちに、だんだんとわかってきました。

たとえ誰が見ても「似合っている」と感じるヘアスタイルでも、本人の気分に合わなければ、人はワクワクしないのです。「こうありたい！」という気持ちに、ヘアスタイルがぴったり合ったとき、ワクワクは最高になります。

「気分に合うヘアスタイル」は「ありたい自分を表すヘアスタイル」とも言えます。

例えば、ロングヘアがよく似合う顔立ちや雰囲気の方がいるとします。

彼女はそれまでの人生、ずっとロングヘアを貫いていました。でも、ずっと夢だった仕事に転職が決まり「これからは、クールなデキる女でありたい」と思うようになりました。

するを突然、ロングヘアは本人にとって似合わないヘアスタイルに格下げ。ミディアムスタイルも、何か違う。理想の自分を掘り下げた結果、実は彼女にとっての「デキる女」のイメージは、シャープなショートヘアだったのです。

「似合う」よりも「ありたいイメージに合う」が大切だとわかってからは、お客様へ「どんなヘアスタイルにしたいのか」よりも「どんな自分でありたいのか」をしっかりお聞きするようになりました。

そのために、まず私はお客様に次のような質問をしています。あなたも一緒に考えてみてください。

「あなたの髪は硬いですか？　軟らかいですか？　普通ですか？」

「癖は気になりますか？」

いかがでしょうか？

「硬くて癖がある。広がりを抑えたいのよね」
「軟らかくて、癖というよりペッタリしている……フワッとしたら良いなぁ」

今抱えているお悩みがハッキリしただけでなく、これまで気づかなかった問題や願望も出てきたと思います。

ご自身が抱えている髪の問題に気づいていない方もたくさんいます。まずは、人から指摘されるのではなく、本人が問題を見つけることが大切です。

現在の問題がわかると「こんな髪質やヘアスタイルになったらワクワクする」など、自分の理想も見えてきます。

つまり、現状を知ることで、より良い未来を創る一歩を踏み出すことができるのです。

過去を見つめて「ありのままの自分」を思い出す

それから、もう一つ質問します。

「今まで抱えていた髪のお悩みはどうやって乗り越えて来ましたか」

髪のお悩みの乗り越え方や対処の仕方から、その方の本質が見えてきます。
これまでの成功や失敗の体験を思い起こしてみてください。

「高校で大切なコンクールの前に美容室でストレートにしたら、うまく演奏できた」
「毎朝早起きしてセットしても、癖がひどいから、雨が降ったら台無しになった」

特に、過去の失敗を思い出すのはつらいことかもしれません。
でも、以前うまくいったりいかなかったりした体験や当時の環境が、今「ありたい自分」へ向かおうとする、あなたの心にブレーキをかけている可能性もあります。

髪のお悩みを深掘りして、理想の未来への歩みを妨げている「ストッパー」を見つけて、外しましょう。髪を変えて、変わっていく自分を受け入れる。すると人生が好転し、自己肯定感が高まっていきます。

だから、これまでの経験を振り返ったら、そのとき「頑張っていた自分」を認めてあげましょう。そして「キレイになれない」「思い通りのヘアスタイルを作れない」「幸せになれない」「言いたいことをうまく伝えられない」……。そんな思い込みを捨ててください。

周りの価値観に合わせたり、つらい体験に捉われたりしていた自分でなく、あなたが心の底から望む「ありのままの自分」を取り戻しましょう。

そもそも、人は「ありのまま」で十分素敵なのです。そして、髪の力でもっと輝くことができます。

過去から自分を見つめなおせば、本当にあなたらしい「新しい人生」が始まります。

ヘアスタイルは「理想の人生」から逆算する

そしてカウンセリングの最後に、必ずお聞きすることがあります。

「あなたが『ありたい自分』のイメージって、どんなものですか？」

「家族との時間を大切にしたい」「キャリアアップしたい」など、ルールはありません。自由に考えてみてください。

髪のケアで一番大切なのは、単純に理想の髪質やヘアスタイルにすることではありません。「理想の生き方」に合うスタイルにすることです。つまり、髪よりも想いが大切なのです。

こうして、あなたの「理想の髪」「ありたい自分」がわかったら、われわれ美容師の出番です。

ご希望のスタイルや現在の髪の状態、個性や今の気分などを総合的に判断して、ワクワクＭＡＸになる「本当に似合う」ヘアスタイルをご提案します。

心からワクワクできるスタイルを獲得したお客様は、ありのままの自分を表現できるようになります。

そして、思い描く未来図に近づき、人生を変えていきます。もし、ありたい自分の姿が今すぐにわからなくても大丈夫です。これから一緒に探していきましょう。

この本では、お客様からよく寄せられるお悩みや質問に対するアドバイスについて、幸せを手に入れた女性たちのリアルストーリーを交えてお伝えしていきます。

美容室の扉を開いて鏡の前のシートに座り、美容師に相談するときのような気持ちで読んでみてください。

きっとあなたの心にフィットするものがあるはずです。読み終わる頃には、髪をキレイにしたあなたがどんな未来を生きたいのか、イメージできるようになっていると思います。

では、カウンセリングを始めていきましょう。

髪が女のすべてを決める contents

カウンセリング1
どんなときに美容室に行きますか？

カウンセリング2

髪についてのお悩みは？

カウンセリング3

普段どんなヘアケアをしていますか？

カウンセリング4
仕上がりのご希望は？

カウンセリング5

これから先のご予定は？

〈Special Thanks to〉

松下真輔
小室裕介
土肥美菜子
関谷恵佳
三橋知香
齋藤綾乃
小池士
齊藤鮎香
畑翔
平塚瑠奈
鈴木梨穂
加藤優紗
木下康太
橘友衣
成田麻菜
富岡佑麻

＊　＊　＊

企画協力　エム・オー・オフィス　岡部昌洋
編集協力　中原紫恵
ブックデザイン・イラスト　木村勉
組版　横内俊彦
校正　池田研一

counseling 1

カウンセリング 1

どんなときに美容室に行きますか？

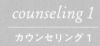

美容室に行く理由は「何か変えたい」でも良い

初対面で、相手は何を見てあなたの印象をキャッチしているでしょうか。

顔や表情、声、ファッションなど、いろいろあるでしょう。

その中で、髪もとても重要な要素です。

「お堅い仕事をしている」「流行を追っている」「清潔感がある」「大ざっぱな性格」など、髪を見ればその人の人となりが見えてきます。

顔や体型は持って生まれたものなので選べませんが、ヘアスタイルは選ぶことができます。だから、服を着替えるように髪を変えれば、あなたの印象を大きく変えることもできるのです。


それから、こんなことはないでしょうか。

朝、着る服を選んで鏡の前に立ってみる。でも……「あれ、何か違う……」。

何度コーディネイトを変えてもしっくりこない。新しい服を買ってみても、イマイチ決まらない。何を着てもマンネリに見えてしまう。……ワクワクしない。

そう感じたら、洋服のせいではなく、髪のせいかもしれません。

新しい自分になるために、髪を「着替える」ときが来ています。

私が出会ったお客様はよく「髪を変えたら人生が変わった」と言います。

髪を手入れし「ありたい自分」にぴったり合うヘアスタイルに変える。途端に新しいムードをまとい「似合う」ヘアスタイルになったワクワク感で、無意識のうちに佇まいが変わる。雰囲気の変化に周りが気づき、注目されて褒められる。

そうして、さらに自信がついて言動が変わり、人生が変わっていくのです。


人生に変化がほしいとき、占いやスピリチュアルに頼ったり、新しく勉強を始めたり、買い物で気晴らししたりすることが多いのではないでしょうか。

でも、私は美容室に行くことをお勧めします。変化を求めるタイミングでふと美容室を訪れ、人生を好転させた方たちをたくさん見てきました。

最初に、そんな「髪が持つ力」のお話をしていきましょう。

さあ、あなたが美容室に行くのは、どんなときでしょうか？

ヘアスタイルを変えたいとき

バッサリ切らなくても、希望が叶うこともある

「ヘアスタイルを変えたい」とご来店するお客様は、髪に不満がある方と、人生に不満がある方、ざっくり2つのタイプに分けられます。

そして、髪に不満がある方の中でも、スタイルへの不満でなく髪そのものへのストレスを訴える方がたくさんいらっしゃいます。

「広がってしまうので切りたい」「ハネてしまう部分があるからストレートパーマをかけたい」「ボリュームがないからパーマをかけたい」。

これらのご相談の多くは、髪のダメージや生来の癖など髪質への不満によるもので

す。でも、多くの方は「ヘアスタイルが悪いのだ。ヘアスタイルを変えれば全て解決する」と思ってしまっています。

ほとんどのお悩みは、ダメージを改善して髪質を整えたり、部分的なカットやパーマで少し癖を補正したりすることで解決できるのです。

ダメージの改善には、まずその方の髪と頭皮に合った補修効果のあるシャンプー、トリートメントをお勧めします。詳しくは3章でお話します。

これは全ての方にお伝えしているのですが、髪をできるだけ良い状態にしてあげてほしいのです。適切なヘアケア用品を使用することで、その方の髪が持つ「本来の良さ」を取り戻すことができます。

「長さを変えなくても広がらずに収まるようになる」
「ストレートパーマをかけなくてもハネなくなる」
「パーマをかけなくても思ったようにまとめられるようになる」
「カラーもきれいに発色するようになる」

このように、ヘアスタイルを変えなくても、さまざまなお悩みが解消し、理想のヘアスタイルを手に入れることができるのです。

髪には、あなたが想像する以上のポテンシャルがあります。「生まれつきだから仕方ない」と思っていることも、実はそうではないかもしれません。

長くご来店いただいているあるお客様は、いつも白髪染めとカットをオーダーされ、シンプルなショートヘアにしていました。月に一度のご利用で、あまりおしゃべりはなさらず、施術が終わるとサッと帰っていく方でした。

お勧めのシャンプーとトリートメントのことをお伝えしたときも、いつも通り話は長く続かず、それきりになっていました。

でも気が向いたのか、ずいぶん経ってからそのシャンプーを購入されました。すると、翌月ご来店されたとき、お客様の髪にはツヤが輪のように見える「エンジェルリング」ができていました。シートに座るなり「キレイになったでしょ？　シャンプーを変えただけなのに。すごいのね！」とウキウキと話し始めたのです。

髪についてもいろいろご提案することができ、その日、初めて「ハイライト」に挑戦することに！　部分的に明るい色を入れるハイライトは、伸びてきても白髪となじみます。以前お勧めしたときは全くご興味のない様子だったので、大きな変化に驚きました。

この方は、髪が持つ可能性をご存じなかったのでしょう。年齢を重ねた後でもツヤのある髪を手に入れることができるとは、想像できなかったのかもしれません。同じスタイルに飽きていることにも、気づいていなかったのだと思います。

髪を変える楽しさを知ってからは、小さなお悩みやご希望なども話してくださるようになりました。ハイライトを入れてからしばらくして「髪にボリュームがなくて……フワッとさせたいから、パーマをかけようかと思ったことがあるけれど、言わなかった」と長年の悩みを明かしてくださったのです。

でも、すでにシャンプーを変えてからだいぶハリが出て、全体的にボリュームが出ていました。そこで、もう少しボリュームを足したいという前髪に、ポイントでふんわりパーマをかけました。今もショートヘアですが、柔らかな雰囲気になられていらっしゃいます。髪質の改善でお悩みを克服した良い例でしょう。

さらに「スタイリングの方法をもっと教えてほしい」と質問されるほど、すごく前向きになられました。

このように、**髪がキレイになったことで、それまで以上に髪へのモチベーションが上がって積極的になり、ますますキレイになる……**。

髪にまつわる小さな成功体験から、ポジティブなサイクルが生まれることは少なくないのです。

「変わりたい」は人生の節目のサイン

今「人生の岐路に立っている」という方も、美容室を訪れます。

ヘアスタイルを変えたいという気持ちは、経験上「自分を変えたい」という潜在意識が関わっていることが多いのです。

そんなとき、よく「女優（モデルやアイドル）の◯◯さんみたいに」と、ヘアスタイルのイメージをお持ちになる方がいらっしゃいます。

もちろん、写真の通りの長さや形にすることは簡単です。

でも、そのヘアスタイルをそっくりそのまま再現することはしません。**大切なのは**

「その写真が表現している何に惹かれ、どんな姿になりたいのか」だからです。

重役秘書をしているアラフォーのお客様が、写真を持ってきて「こんなふうに変えたい」とおっしゃったことがあります。その方のヘアスタイルは、長い前髪を斜めに流し、自然に落ち着いたセミロングのボブでした。

写真を見ると、肩より上の長さでパツンと切りっぱなしの外ハネスタイル。前髪の長さは眉上でブリーチカラーという、かなり個性的なものでした。本気で「全く同じヘアスタイルにしたい」と望んでいるわけではないでしょう。

そこで、その写真のどんなところが好きなのかを伺うと「カジュアルな雰囲気」「元気な感じ」とおっしゃいました。

「でも、お仕事上は落ち着きのあるヘアスタイルが良いのでは？」と確認すると、20代の年下の同僚が増え、とうとう最年長になったので若々しくしたいそうです。

「若い」と言われなくなる節目を迎え、変わりたいという切実な想いを感じました。

そのとき、私はこの方には「爽やかな雰囲気」を作ることが一番大切だと判断しました。そこで、少し長さを切り、軽さを出した外ハネにして、前髪は長めに残すことをご提案したのです。

狙いは軽さを出すことで柔らかさを残しつつ、毛先に動きを出してカジュアルに。長めに前髪を残して、大人の落ち着きも表現することです。

元気なイメージが出るようにツヤ感を出して仕上げたところ、お客様は少女のような明るい笑顔を見せてくださいました。

もちろん、そのまま「年上キャラ」の道を行く選択肢もあったでしょう。

でもこの方は40歳を前に、改めてどんな自分でありたいのか考えたのだと思います。そして、理想の自分像に「フレッシュさ」を加えて、自身をリニューアルしたのです。

仕事を辞めるか迷っているというお話もされていましたが、髪を変えたら生活が変わっていったそうです。

その後は、責任ある仕事を任されて、今も忙しくなさっています。

髪から人生の現在地と目的地を知る

ここで、少し考えてみてください。

シンデレラが1日だけ魔法をかけられて変身するように、制約なしで「何でもできる」としたら、どんなヘアスタイルにしたいですか？

この質問をお客様にすると、想定外の答えが返ってくることがたくさんあります。ごく正統派なスタイルでまとめている40代の主婦の方が「アフロにしたい」、ナチュラルで清楚系のスタイルをしたOLさんが「髪色をグリーン系にしてみたい」……。

さらに、理由を聞いていくと、一人ひとりのアイデンティティーが見えてきます。

アフロにしたいという主婦の方は、学生時代にR&Bのバンド活動をしていたと聞いて納得しました。「本当はすごくファンキーな方で、ライブで歌ったり踊ったり、気ままに海外に行ったりしたいのかもしれない。けれど、お子さんもいらっしゃるし、今は良いお母さんであることを選んでいるのだな」というふうに私は感じました。

あなたはどうでしょうか？

「学校や会社で、明るい色はダメと言われているから……」
「彼がショートは嫌いと言うから……」
「友達の間で浮きたくないから、とりあえず流行っているヘアスタイルに……」

そんなことは、一度忘れましょう！　まずは理想から。現実的になる必要はありません。「ぶっとんで」いて良いのです。

「本当は一度、丸坊主にしてみたい。そういえば忘れていたけど、ずっとインドに行ってみたかったんだ。でも、今は営業職をしていて、坊主はインパクトが強すぎるから、活動的なイメージのショートスタイルにしているの。でも……やっぱり、お金を貯めていつかインドに行こう！」なんて人もいるかもしれません。

なりたいヘアスタイルから、現在地や本当の自分が目指す方向がわかってくるでしょう。**最終的に「ありたい自分のイメージ」を知ることが大切なのです**。

明確な希望はないけれど「何となくヘアスタイルを変えたい」という方もいます。

そんなときは、少し具体的な質問をしてみます。

雰囲気をガラッと変えたいのか、少しだけ変えたいのか。パーマやカラーはどこまでOKか……。カウンセリングを通じてそのときの気分を引き出し、その方に合うヘアスタイルを探していきます。

その結果「何だか人生相談みたいだな」と思うことがよくあります。

長さなど「形」のご希望から話を進めていくと「どう見られたいか」「どういう自分を表現したいのか」「これまでどんな人生を歩んできたのか」という深い話になっていくからです。

一般的に「ありたい自分」と「見られている自分」のキャラクターにギャップがあるほど、人生はうまくいきません。どんなに使命感に燃えた腕の良いお医者さんでも、清潔感がなければ患者さんは来ませんよね。

理想と現実を把握できれば、ギャップを埋めるために必要なことがわかります。

例えば「責任ある仕事に就いてバリバリ働きたい」のに仕事を任せてもらえていないなら、目指すのは「信頼感を感じさせるヘアスタイル」でしょう。

どんなヘアスタイルにしたいかだけではなく、そのヘアスタイルにした後の自分に何を期待するのかを知ることが重要なのです。

「どうしたいのかなんて見えない。でも、とにかく何かを変えたい！」という場合は、とりあえず今の気分でヘアスタイルを変えてしまうのも良いでしょう。

髪を変えれば、**きっと鏡に向かう回数が増えます**。

自分に向き合う時間が増えて、どんな表情や角度が良いのかなど、新しい自分を発見できるかもしれません。

「鏡を見る」という習慣が一つ加わることで行動が変わり、生活や人生が変わることにもつながっていきます。

さて、もう一度質問します。

どんなヘアスタイルにしたいですか？　今のヘアスタイルで変えたい部分はどこですか？　最近の毎日でこうなったら良いのに、と望むのはどんなことですか？　誰かとの関係を変えたいと思うことはありますか？　何か環境の変化はありましたか？

「どうありたいのか？」と、自分の心をよく見つめて、今のあなたにぴったりのヘアスタイル、未来の自分を見つけましょう。

悩んでもがいた日々が「解決の糸口」になる

本当は「変わりたい」と思っていても、一歩を踏み出せない方もいらっしゃいます。

「前髪を作ってみたいけど、クセが強いから短くしたらキマらない」
「かわいいショートヘアも好きだけど、以前短くしたら男性と間違えられたから……」
「昔から童顔と言われるから、おでこを出すヘアスタイルはちょっと……」

その場合はずっと抱えている髪のお悩みについて、深く聞いていきます。**「どうやってお悩みを乗り越えようとしてきたのか」が解決のヒントになります。**

あるお客様は強い癖のある髪をお持ちで、中学生のときは、周りの友達はストレートなのになんで自分だけ……と落ち込んでいたそうです。でも諦めずに、インターネットでいろいろ調べたところ「縮毛矯正」という施術を見つけたと言います。

中学生にとってはなかなかのお値段でしたが、お年玉を手に美容室に向かいました。

そして、仕上がりに感動して「一生このままだったら良いのに！」と思ったそうです。でも同時に「一生毎回こんな高いお金を払わないといけないのか」と残念な気持ちにもなったそうです。

その後、高校生になってからは、「ストレートアイロン」を買い、自分で癖を伸ばしながら、たまに前髪だけ縮毛矯正をかけてやり過ごしてきた……というエピソードを話してくれました。

私は「ストレートヘアに憧れてマネをするだけでなく、自分らしさを追求したい」という想いを叶えてあげたいと思い、癖の生かし方をレクチャーしました。

すると、お客様はだんだんコツを掴み、自分で良い感じにセットできるようになりました。ご来店されてから、もう10年くらい縮毛矯正はかけていないと思います。

今まで抱えてきたお悩みと丁寧に向き合うことで「自分らしさ」を生かしたヘアスタイルを見つけることができます。

「やってみたいヘアスタイルがあるけど、うまくいかなかったから……」と諦めかけていることがあったら、美容師に相談してみてください。

もっと似合うスタイルを知りたいとき

「似合わない」原因は違和感

よく「私は、ショートは似合わない」などと言う人がいます。

でも、実際にそんなことはないのです。

その方に「似合う」ヘアスタイルは10～20個くらいあります。それも、ショート、ミディアム、ロングでそれぞれ複数のパターンが考えられます。さらに、前髪が短いか長いか、パーマやカラーを効果的に使って……など、組み合わせでバリエーションは広がっていきます。

「似合う」「似合わない」とは、そのスタイルが持つイメージが本人と「違和感がないかどうか」だと言い換えられます。

例えば、10代～20代前半のアイドルグループの女の子に多い「黒髪の前髪パッツン、顔周りにおくれ毛を落とす」というスタイルがありますね。

これは「こけし」のイメージです。こけしは汚れのない清純さや幼さを象徴しています。そのため、若い年代に「似合う」スタイルと言えるのです。

人は年齢を重ねるごとに、醸し出すオーラの色合いが変化していきます。

30歳の方はこれまでの30年分、50歳の方は50年分の経験や感情があります。その人が青春を過ごした時代の背景なども、考え方や嗜好に影響するでしょう。それまでに生きてきた人生がオーラになるのです。

その人が今出しているオーラとヘアスタイルが与える印象が一致しなければ、違和感を生み出してしまいます。二つのギャップが特に大きい場合は、ちょっときつい言い方をすると「若作りでイタい」と言われてしまうこともあるでしょう。

大体マイナス6歳くらいまでは「似合う」範疇に収まります。本人の要望でも、せめてマイナス10歳くらいにとどめておくのがセオリーと言われています。

ただ、実際に、40代のお客様が20歳くらいの女の子の写真のスタイルを希望されることも珍しくありません。かなり年齢差がありますから、そのまま再現してしまうと必ず違和感が出ます。

経験豊かな女性が年の離れた若い女性に惹かれるのは、何か理由があるに違いありません。**そのヘアスタイルを良いと思った「ツボ」を見つけるのが大切**なのです。

あなたも全く別の年齢層や雰囲気の異なる人のヘアスタイルに惹かれたのなら、その理由をよく考えてみてください。

例えば、ゆるいカールが頬にかかった「かわいい系」のフェイスラインを良いと思ったとします。それなら、かわいい系の要素さえ取り入れれば「これこれ、こうしてみたかったのよね！」と感じられるでしょう。

美容師に写真を見せるときは「お気に入りポイント」を伝えてください。

また「似合うスタイルがわからない」と思っているなら、今のスタイルに落ち着かない何かを感じているのかもしれません。その違和感の正体を突き止めましょう。

基本の「似合う」髪色を知る方法

違和感を生み出す原因は、年齢の他にもいろいろあります。

その人の持つ「カラー」に髪色が合っていない場合も、しっくりきません。「パーソナルカラー診断」という、瞳の色と肌の色のトーンなどから顔になじんで魅力的に見える色を知る方法があります。

この理論では、黄味が強めの「イエローベース」の肌の人と、青みがかった「ブルーベース」の肌の人にざっくり分けられます。イエローベースの方は大人っぽい印象でゴールド系、ブルーベースの方はかわいい印象でシルバー系を顔周りに入れると「似合う」とされています。

メイクで言うと、イエローベースの人はオークル系、ブルーベースの人はピンク系のファンデーションが似合うようです。

また、瞳の色が明るい人は暗い髪色にするとクールというより沈んで見えたり、瞳が黒い人は金髪にするとゴージャスではなくヤンキーぽい印象を与えたりします。

本来持つ色味と逆のものを取り入れると、違和感が生じて似合わないのです。**似合う髪色とは、自分の顔色や瞳の色と相性が良く、落ち着く色だということを知っておいてください**。

自分らしい色を知っていれば「立ち返る場所がある」と安心できるでしょう。また、年齢を重ねても、自分を魅力的に見せる武器を持っていることにもなります。

そうは言っても、あえて違和感を作って、インパクトを狙う考え方もあります。また、**好きな髪色に合うベースを作り「似合わせる」こともできます**。

瞳の色はカラーコンタクトで、肌の色はファンデーションの前につける「コントロールカラー」で調整が可能です。コスメのアドバイザーに「イエローベースの肌をブルーベース寄りに見せたい」など、希望を伝えて適した色を選んでもらってください。

あまり似合わないからと言って「このヘアスタイルや髪色はNG」と決めつける必要はありません。**うまくバランスを取って楽しみましょう**。

「自分ではよくわからないけど、挑戦してみたいカラーやヘアスタイルがある！」というときは、ぜひ美容師に相談してください。

内面とも違和感がないか

髪はよく絵画の額縁に例えられます。

ポップなアートが木製の重厚な額縁に入っていたら、絵とのギャップで落ち着かないでしょう。逆に、油絵がプラスチックの額縁に入っていたら、絵まで安っぽく見えてしまいます。

このように、額縁は絵の印象を決めています。だから、素人の描いた油絵を立派な額縁に飾ると、有名作家の作品のように思えることもあります。

人は物を見るとき、外側から内側に向かって認知すると言われています。同じように、**人を見るときは髪を見てから顔を見ています。髪という額縁の印象に顔の印象も引っ張られます。**

つまり、**絵（顔）を引き立てる額縁（髪）を選ぶことが大切なの**です。

「自分」という作品に合うヘアスタイルを見つけましょう。「自分がどんな作品かわからない」。つまり「ありたい自分がわからない」という場合は、自分の心に聞いてみましょう。

興味のあるヘアスタイルやなりたい印象（人から言われたら嬉しいこと）を思いつく限り、できるだけたくさん書き出してみてください。

①ヘアスタイル：ミディアム、ふんわり、内巻き、ナチュラル、パッツン前髪、アッシュ系の髪色、ルーズな編み込み……

②印象：癒し系、優しい、気が利く、明るい、いつも笑っている、賢い、面白い、頼りになる……

このような感じでキーワードを出したら、それぞれの要素がどんな印象を表現しているのか考えてみましょう。そして、同じようなくくりで分けてみます。

先ほどの例では、ヘアスタイルの方は、ふんわり、内巻き、ナチュラル、アッシュ系の髪色などを「柔らかい」「フェミニン」で、まとめることができるでしょう。でも、「パッツン前髪」は少し違って「強さ」と言えそうです。

印象の方も見てみましょう。癒し系、優しい、明るい、いつも笑っているなどは「太陽のような温かさ」と言えるでしょうか。気が利く、賢い、面白いなどは「シャープさ」のような、フワフワしているだけではない意志を感じます。

また、出てきていないキーワードにも注目してみると良いでしょう。「かわいい」など外見を表わすワードがないため「内面や実質を重視する」傾向があるのかもしれません。

全部をストーリーにしてみると「女性的で包み込むような雰囲気を持ちながら、芯がしっかりした信頼感のある人」という人物像が見えてきませんか。

どんな表情や雰囲気を持ちたいのか、どんな印象を与えたいのか。

髪について自分に問いかけると「あなた」という作品のジャンルや色彩、画風がつかめてきますね。それらをより引き立てる額縁が、あなたの内面にも「似合うヘアスタイル」なのです。

気に入らない部分を直してほしいとき

「外さない」オーダーの仕方

「初めて行った美容室で仕上がりに納得できなかった！」ということもあるでしょう。技術の高い美容師が手がけたと一目でわかる仕上がりでも「変なヘアスタイルにされたから直さなければ」と思う方もいます。

以前、ご来店されたある女性のお客様は「数日前に美容室に行ったのだけど……」とお話しされました。

ヘアスタイルを見ると、その方の顔立ちや骨格をちゃんと引き立てていました。カラーリングも洗練されています。美容師目線では一見完璧でした。

でも、本人的には、気に入らないので切ってほしいと言います。

詳しく聞いていくうちに、こちらのお客様は「重い」「うっとうしい」と感じていることがわかってきました。

改めてよく見てみると、肩に向かってやや広がっていく短めのボブのスタイルをしていました。大げさに言えば「おかっぱ」のようなシルエットです。どちらかと言えば若い女性向けのデザインをスタイリッシュなカラーで、その方の年齢に合わせて仕上げてありました。

確かに、成熟した女性には少しガーリーで、幼いデザインかもしれません。

私は「おかっぱのAラインが気分に合っていないなら、爽やかで品の良い大人っぽさが欲しいのではないか?」と考えました。

そこで、後頭部にボリュームを出すことをご提案しました。

後頭部に奥行きを持たせると、一気に大人の女性の雰囲気が出ます。Aラインを作っている重めの襟足をカットして重心を上げ「前下がり(横から見ると毛先が前に下がっていく)」のスタイルに変更しました。

counseling 1

どんなときに美容室に行きますか？

実は、このお客様はカットモデルとして来店されていました。

そのため、私が担当したのはカウンセリングまで。実際にカットしたのは若くて経験の浅いアシスタントでした。それでも、お客様は満足して帰られました。

「上手い」カットや素敵なデザインでも、ご本人の心に沿わなければ「失敗」になってしまうことを改めて感じる出来事でした。

行き違いによる失敗を防ぐためには、オーダーの際に少し気をつけましょう。

長さの希望やパーマ・カラーの有無などの施術の内容だけでなく、今の気分や過去に経験した髪の悩みなども伝えてください。好みのファッションや最近気になるテイスト、ライフスタイルなども話せると良いでしょう。

また「後ろが重い」など、具体的な不満がある場合は飲み込まないでください。

勇気が必要だと思いますが、仕上がりで気に入らないことがあれば、それを言っても良いのです。

お客様が満足してお店を出られることが、美容師にとっても一番の幸せですから。

「失敗」も新しい自分に出会うチャンス

もし「失敗したなぁ……」と思っても、前に出した例のように美容師の技術で挽回することはできます。

でも、これはチャンスでもあるのです。**失敗は人生の新しい選択肢を生み出します。**

極端な例ですが、切りたくなかった前髪を手違いで切られてしまったとします。そこで、後ろの髪を前に下ろして見せるなど、アレンジするのも選択肢の一つです。また、あえて短い前髪を修正しないままにしたら……。勇気がいるかもしれません。なかなか気持ちを切り替えられない場合もあるでしょう。でも「これをきっかけに、今までとは違うキャラクターで生きてみよう」。そう考えると、ちょっとワクワクしてきませんか？

「こんな自分も面白いかも」と思えたなら、信頼できる美容師に相談して新しいスタ

前髪を切りすぎてしまったら……？

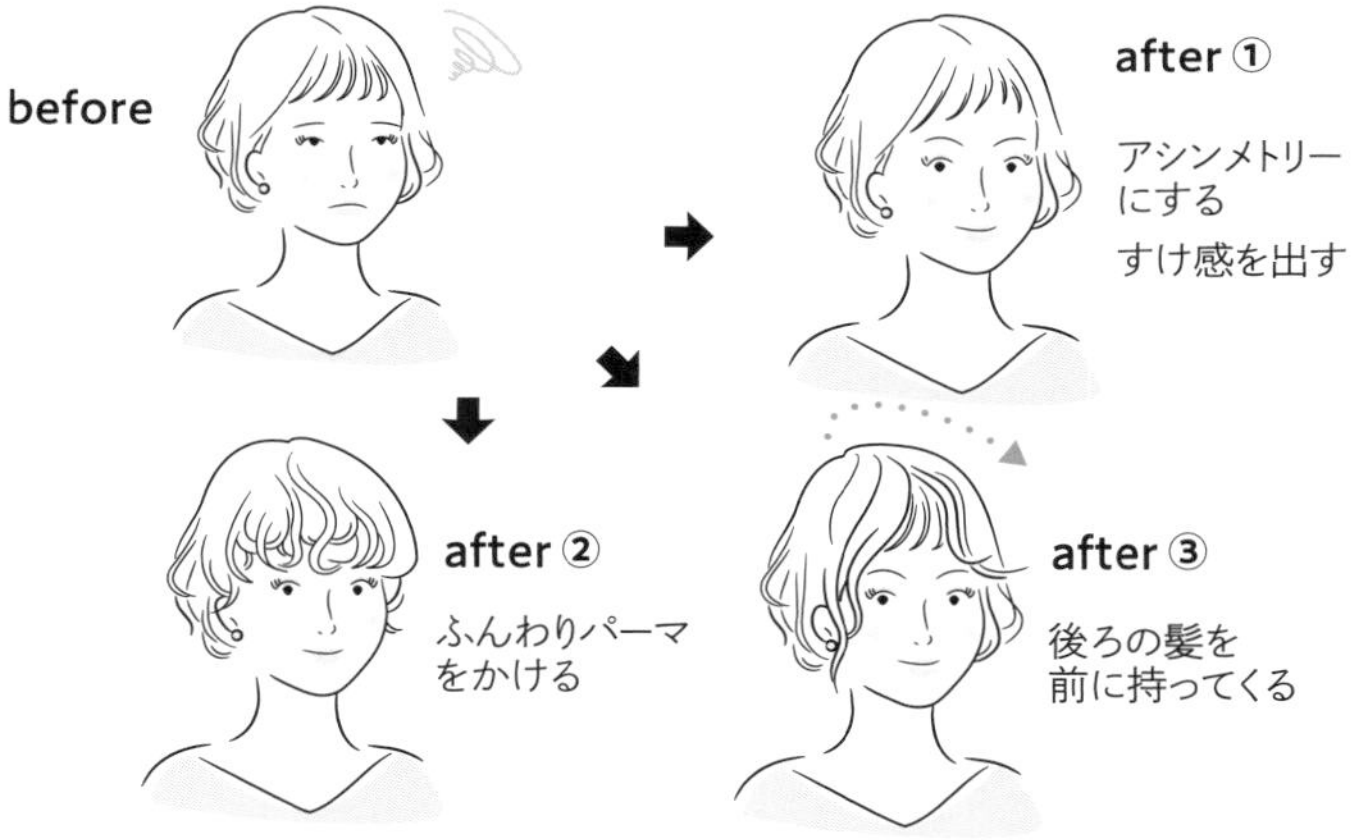

イルを生かしつつ、あなたに似合う形に仕上げてもらうこともできるでしょう。

例えば、短くなってしまった前髪に、ふんわりパーマをかけたらどうでしょうか。すると、少し甘さが出ます。以前より親しみやすい印象や明るいオーラが出て、いつも厳しい先輩の男性社員が優しくしてくれるようになった……なんて、嬉しいサプライズが起こるかもしれません。

計画とは違っていても、少し「愛される要素」を身につけたら、人から優しくされて、自分の心が潤った。かわいさを手に入れることで、幸せを感じられると知ったなら、人生において大きな収穫ではないでしょうか。

前髪の失敗は、結果的に変わるための良いきっかけだったと言えます。

失敗は決して悪いことではありません。

もし「やってみたいヘアスタイルがあるけど、失敗するのが怖いから」と諦めているとしたら、一度思い切って挑戦してみてください。

できるかできないかは、ちょっと置いておきましょう。

思い描いたイメージと違って「似合わない」と感じたとしても、大丈夫です。

この機会に、洋服や靴、カバンやアクセサリーも変えてみたら、しっくりくるスタイルや「こんなのも似合うんだ」と、新しい発見があるかもしれません。

「やっぱり、私のキャラに合ってないかも……」と思っても、なりきっていると板についてきます。周りの反応に応じて、自然と振る舞いが変わることもあるでしょう。

自分がやりたかったヘアスタイルなら、後から「似合わせていく」ことも、きっとできます。

イメチェンしたいとき

前髪だけでイメージはガラッと変わる

「とにかく、今までと違うヘアスタイルにしたい」という方もいるでしょう。どんなイメージに変えたいか、プランはありますか？

「ロングヘアをバッサリ切る」「金髪とか、明るい色にする」「全体的にパーマをかける」などなど。イメージを変えるためには、ヘアスタイルの大胆な変更が必要だと思っているかもしれません。でも、必ずしもそうとは限らないのです。

実は、人の印象の70％は顔周りと髪色で決まります。

あるお客様は、ロングヘアを30㎝切っても、パートナーはその変化に気づかなかったと言います。でも、ちょっとメッシュを入れたら「あれ、髪を変えた？」と言われたと話してくれました。

これは髪にまつわる、あるある話なのです。**特に、前髪の変化による効果は絶大！**

「いきなり明るい色にするのは勇気がいるなあ」「全体的な長さは変えたくない」という方は、まず前髪だけのイメージチェンジはいかがでしょうか。

前髪を変えるといっても、長さだけではありません。いくつかの要素がカギになります。これらの組み合わせ方で表現できるキャラクターもさまざまです。一つずつご説明していきましょう。

①長さ

第一印象は、目の見え方によって決まります。短い前髪は明るくて若々しく元気、長い前髪は大人っぽくしっとりした雰囲気を感じさせます。

また、前髪が短く両目がしっかり見えていると隠し事のないオープンマインドな印象、片目が隠れていたり目の上ギリギリまで前髪が迫っていたりしたら、どこかミステリアスな印象を受けるでしょう。長めにして斜めに流すと、都会的になります。

②重さ（密度）

短く切り揃えられた前髪は若さの象徴です。さらに、おでこが透けない「重い」前髪にすると、かわいらしく見えます。逆に、おでこをところどころ出す「シースルー」は、おしゃれ感のあるヘルシーな女性を演出できます。

③ライン

同じ長さでも「直線」「曲線」「ジグザグ」など、ラインによって違いが出ます。直線的な前髪は芯の通った強さを感じさせるでしょう。曲線的にするとクラシカル、個性的、モードな雰囲気が出ます。ジグザグさせるとキュートな感じになります。

例えば、同じくらいの長さに切り揃える「パッツン」でも、ラインによって違いが出ます。まっすぐ直線的なら洗練された、カッコイイ感じになります。ファッションの系統で言うと、ストリート系です。眉間を短く両こめかみに向けて長く「ラウンド」させると、少しかわいらしさが出ます。逆に、両こめかみを短めに眉間に向けて長く「U字」にすると、一気に個性的なモード系になります。

④分ける位置

長めの前髪の場合、分ける位置もポイントです。

10～20代の方がセンターで分けると、多くの人が幼く見えることが多いのですが、カッコ良く見えるタイプの人もいます。顔のパーツが左右対称で整った方、おでこが広い方は長所を生かして安定感や明るさを演出できます。

ただ、30代後半の方の場合、トップのボリュームが落ちてくるため、分け目が目立って、年上に見られてしまうかもしれません。

サイドで分ければ大人っぽくエレガントな雰囲気になります。

⑤立ち上げ方

左右どちらで分けるかで印象が変わります。

日本人は平均的につむじの方向が時計回りです。右に分け目をもってくると髪が反発して立ち上がり「かき上げ系」になります。動きが出てセクシーさや自立した女性のムードを感じさせるでしょう。反対に左で分けると、毛の流れに逆らわず自然に流れておしとやかな空気をまといます。

⑥非対称（アシメトリー）

左右の長さを揃えずバランスを崩すと、アバンギャルドな雰囲気を演出できます。ラインによっても印象が変わります。

小さな変化を作る方法いろいろ

長くお店に通っていただいている、あるお客様が前髪を短くしたことがあります。それまでは、前下がりのショートカットで、長めの前髪を斜めに流すのが定番。キリッとスタイリッシュでおしゃれなその方に合っていました。

でも、ふと「前髪を短くしたらもっと良いのでは？」と思い、試してみることに。すると、ほんの少しだけ甘さがプラスされ、ゆったりしたファッションにマッチして、それまで以上にバッチリ「はまった」のです。

前髪でイメージチェンジ!

① 長さ

短め　長め

② 重さ（密度）

重め　シースルー

③ ライン

パッツン　ジグザグ

U字　ラウンド

④ 分ける位置

センター　サイド

⑤ 立ち上げ方

右　左

⑥ 非対称（アシンメトリー）

ジグザグ　パッツン

counseling 1
どんなときに美容室に行きますか？

その方はよく、ナチュラルテイストのお洋服をお召しになっていました。前髪に甘さが加わることで、以前のヘアスタイルとお洋服とのほんの小さなギャップが消え、いつも笑顔のお人柄とも調和して、とてもお似合いでした。

ご本人も気に入られ、その後も短い前髪を続けておられました。

小さな変化で雰囲気を大きく変えるアイデアは他にもあります。

カラーでトーンを変えるだけでなく、一筋ハイライトを入れるだけでもグッと明るくアバンギャルドになります。

パーマのポイント使いで「いつも髪がハネているずぼらな人」「あまり自分に構っていない」といった印象を挽回することもできます。時計回りのつむじが影響して、右サイドの髪は後ろ向きになってハネやすいことがありますが、ハネる髪の根元にロットを1本巻いてパーマをかけてあげると、内巻きに収まるようになります。

スタイリング剤を気分によって変えてみるのも手です。

マットなスタイリング剤で動きを出すとカジュアルに、ウェットでツヤっぽく仕上げればストリート系など、質感でも印象を変えることができます。

また、職場では爽やかなシトラス系、デートには甘いフローラル系など、場に合わせて香りの効果を狙っても良いでしょう。

大変身も良いですが、少しずつ変化を楽しむのもワクワクするものです。

今の「ありたい自分」に合わせて、変化を楽しんでください。

リフレッシュしたいとき

悲しみが吹っ切れた

みなさんはどんなことがあるときに、美容室に行くでしょうか、

「ずっと楽しみにしていた海外旅行の前に、もっと気分を上げたい」
「大好きなアイドルやバンドのライブには、一番かわいい自分でいたい」
「週末に友達の結婚式があるから、キレイにしておきたい」
「出産後は忙しくなるから、とびきり自分に手をかけて気合いを入れよう」
「大切な恋愛が終わってしまったから、気持ちを整理したい」

このように**「美容室は大きなイベントの前に行くところ」と考えているお客様は多い**ようです。人生に何かしらの区切りをつけるために来る方もいらっしゃいます。

ある日、伸びきった髪で来店された女性がいました。お話によると、しばらく前に旦那さんを亡くされたそうです。白髪は自分で染めて手入れされていましたが、薬剤のダメージで全体的にバサバサになってしまっていました。

カウンセリングの結果、思い切って短くすることに決めました。カラーは明るい茶色を選び、しっかりトリートメントしてケアも万全に。そして、サラサラのショートヘアに変身して帰られました。

すると、旦那さんを失ってからずっと家に閉じこもっていた生活が一変。外に出る気分になり、よく出かけるようになったそうです。

そしてあるとき、久しぶりに再会したお友達に髪をすごく褒められたと、笑顔で話してくれました。「もっとキレイになりたい」と、美容に対するモチベーションが上がったようです。ヘアケアにも積極的になり、こまめに来られるようになりました。

いろいろな髪色に挑戦したり、髪色に合うファッションを楽しまれたり。観劇に夢中になってますます外出の機会が増え、株に興味を持ち始めたという話も聞きました。お店でお会いするたびに、行動範囲が広がっていったようです。**人生の大きな出来事があった後に美容室を訪れ、新しい一歩を踏み出した**姿に感動しました。髪も気分も、さらには人生も見事に転換なさったのです。

迷いを断ち切るショッキングピンク

「生き方に迷ったときに来ている」と言ってくださった方もいます。

初めてお会いしたのは、その方がまだ18歳の頃。独特な雰囲気がある女性の方で、ボーイッシュなルックスでキャラクターを立て、音楽活動をされていました。すでに個性的でしたが、そこで「もっと攻めたヘアスタイルにしてみよう」という話になり、ブリーチで色を抜いてとても鮮やかなピンク色に染めたのです。

それからほどなくして、彼女はバンドを解散してソロ活動に転向しました。今もインディーズで活動を続けているようです。

ソロ活動が軌道に乗ってきた頃、ある日突然「今の決断には、ピンクのヘアチェンジが大きく影響している」と話してくれました。

実は、当時は活動がうまくいかず、進む道を迷っていたそうです。

そんなとき、長時間かけて何度もブリーチを繰り返して理想の色を追究し……。ついに目の覚めるようなピンク色の髪になった自分を見たとき、すごく吹っ切れたと言います。「次のステージに進もう」と気持ちに区切りがつけられて「人生が変わった」そうです。

それ以来「何か迷いがあるときは木田さんの店に来ている」と言ってくれました。

髪はありたい自分になるためのツールです。ありたい自分を追いかけて、髪を変えると人生まで変わっていく。

彼女の話を聞いて「私の店が誰かの『道しるべ』のような場所になっているんだ」と思い、とても嬉しく感じました。

ストレスを解消してエネルギーをチャージ

ここまで、たくさんの嬉しいエピソードを紹介してきました。

でも、お叱りを受けてしまったこともあります。

以前、人生の大先輩でもあるお客様に、帰り際「今日はみんなきちんと挨拶しなかったわね」と指摘されてしまいました。ずっとご来店いただいていた方から真剣な表情で言われてドキッとしました。

詳しくお話を聞くと、その方は自分に対する挨拶がないことに大きな不満を持っていたわけではありません。「他のお客様に対して、スタッフ全員の挨拶が足りなかったのではないか」というご意見でした。

お客様は「みんなポジティブな空間を楽しみに来ているのに、気持ちの良い接客がないとがっかりしてしまうよ」ということをわざわざ伝えてくださいました。

ただ外見をキレイにするだけでなく、心を潤すことも美容の一部です。「ここに来れば幸せになれる」と感じていただくことの大切さを、改めて心に刻みました。

「特に髪の悩みはないけど、何だかモヤモヤする……」というようなときも、美容室に立ち寄ってみてください。「キレイになることに前向きな空間」で、きっと心が晴れて気持ちを切り替えることができるでしょう。

「髪から人生の現在地と目的地を知る」でお伝えしたように、髪のカウンセリングをしていくと人生の話にもつながってきます。

さまざまな想いを吐き出すと、自分の考えを整理することができるはずです。

そうして、心のデトックスをしたお客様はスッキリした顔をしています。みなさん、元気になってお店を出ていかれます。

ときには思い切って、美容室で髪の毛の不満以外の話や人生相談をしてみても良いと思います。好き嫌いなどの価値観をわかり合える美容師がいれば、心強いでしょう。

ストレスは髪に悪い影響を与えます。「ストレス解消＝ヘアケア」でもあります。ヘッドスパで老廃物を流したり、シャンプーされる心地良さにリラックスしたり。「頭を空っぽにしたい！」といった気分転換のためにも、もっと気軽に利用していただけたらと思います。

女性にとって、美容室はパワースポットなのです。

放ったらかしで、数カ月経ってしまったとき

髪をキレイにすることは未来への投資

多くの方は、何か具体的に「美容室へ行かなくちゃ」という理由ができてから、来店することが多いのではないでしょうか。

「髪が長くなって邪魔だから」
「まとまらなくて見苦しいから」
「カラーした髪の根本が伸びて『プリン』になって恥ずかしいから」
「白くなっている根元を染めたいから」

その場合、美容室に行くことは、問題を解決すべく技術や材料にお金を払う「消費」活動と言えます。

私のお店には、平均して2カ月に一度、多い方は3週間に一度くらい来られるお客様もいらっしゃいます。**来店頻度の多い方は、美容室に通うことを自分への「投資」と捉えていらっしゃるように思います**。

投資とは、時間やお金を使ってそれ以上の価値を得る考え方のことです。

髪へ積極的に投資する方たちにとって、美容室に行くのは「髪の長さや色を変える」「パーマをかけてカールやストレートにする」ことだけが目的ではありません。その先にあるものを求めて来られています。

それは、「新しい変化」です。**ありたい自分へ近づくきっかけを作るために、髪へ投資しているの**だと思います。一つの投資行動によって、理想の美や未来に向かうことで「ワクワク」する、つまり「幸せ」につながっていくのです。

髪の可能性に気づいた方たちは、未来の幸せな自分を思い描いて髪を大切にするようになります。すると、外見も気持ちも変わって、人生が変わっていきます。

髪に投資することは人生に投資すること。髪はリターンの大きい投資先と言えるのではないでしょうか。

惜しみない投資で、ありたい姿を実現

髪をいつもキレイな状態に保つためには髪のダメージを減らし、良い栄養状態をキープすることも重要です。

私は、必要な場合にはヘアケア用品だけでなく、体の内面から整えるサプリメントなどの美容アイテムもお勧めしています。お客様の髪の状態やありたい自分のお話から、その方に合うアイテムをご紹介しているのです。

３週間に一度は来られる50代のお客様は、もともと体質を改善する必要性を感じておられたそうです。美容への意識も高く「おばちゃんパーマ」のスタイルはイヤ。「素敵なロングヘアにしていたい」という強いご希望がありました。

「健康的で若々しくありたい」と伺ったので、ヘアケア用品からサプリメントまで、一通り紹介しました。すると、すぐに一式取り入れられたのです。使用のご感想をフ

ィードバックしてくださるほど、髪と体のメンテナンスに真剣に取り組んでいました。
「何でもチャレンジしたい」と前のめりで話を聞き、良いと思ったらまずやってみる。何ごとも肯定的でスピード感ある行動力に、私も内心圧倒されました。

その後もケアを続けられた結果、数カ月でむくみやたるみが取れて小顔になり、肌にも透明感が出ました。生活習慣を変えることで自律神経が整い、腸内環境や血行が改善されたのでしょう。疲れたりストレスを感じたりしている様子も減ったようです。

お好みの内巻きストレートはその方には少し若いへアスタイルなのですが、キレイになってよりイキイキしてからは無理なく似合っています。若々しさを見事に手に入れ、ピンク色や花柄のワンピースなど、華やかなお洋服もさらりと着こなしています。

このように**「ありたい自分」に惜しみなく投資すると、あなたが望む幸せを手にすることができます**。

「『憧れの姿』や『理想の人生』はあるけど、最近、美容室に行っていないな……」と思ったら、今すぐに美容室に予約を入れましょう！

「2カ月に1回だから、まだ半月あるし…」と思っても、**ルーティンにこだわらず思**

い立ったときに行って良いのだと、意識をちょっと変えてみてください。

美容室が「行かなくちゃいけないところ」ではなく「行くのが楽しみなところ」になったら、あなたの望む未来はすぐそこまで来ています。

counseling 2

カウンセリング 2

髪についてのお悩みは？

#「髪質改善」は少しずつ、楽しみながら

ご来店されるお客様の中で、自分の髪が良い状態だと胸を張っておっしゃる方はあまりいません。ほとんどの方は、何かしら自分の髪に対して悩みを持っています。

そして「傷んだ髪が気になる」とお悩みを吐露するお客様の多くは、髪だけでなく心も傷ついています。

私は毎日お店でたくさんのお客様とお会いしていて、胸が痛むことがあります。

髪が大切だと知っていてケアを楽しもうとしている方ほど、髪のダメージを悪化させてしまっているからです。理想の姿を目指して、パーマやカラーを維持するためにまめに美容室に通う。毎日ドライヤーやヘアアイロンを使い、頑張って自分でセットした結果、髪がダメージを受けて思うようにならなくなる。どうにかしようと手を加えてどんどんダメージを深める……という悪循環に陥ってしまっています。

髪に良かれと思ってやってきたことが裏目に出ていると知り、途方に暮れてしまったかもしれません。でも、逆に言えば、髪の状態を良くする「髪質改善」でお悩みの大半が解決できてしまうということでもあります。

髪を良い状態に保つことは、ありたい自分を表現するヘアスタイル作りのベースとしてとても重要です。オンリーワンのヘアスタイルを見つけても髪質が良くないと、デザインがキレイに出ない場合があります。洗練されたヘアスタイルでも、傷んだ枝毛やからんでいる毛があれば「だらしない」「生活に疲れている」など、マイナスの印象を強く与えてしまいます。

でも、ここで張り切りすぎて、髪質改善に「一生懸命」取り組んではダメです。頑張りすぎると長続きしません。髪が少しずつ変化していく様子を楽しみましょう。「少し手触りが良くなったら、自分へのごほうびにチョコレートを1粒食べよう」など、小さな目標を設定してください。大切なのは、キレイになっていく自分の姿にワクワクし続けることです。

私は傷んだ髪だけでなく、傷ついてしまった「キレイを目指す心」も修復したいと思っています。早速、実際によくある髪のお悩みを解決していきましょう。

傷んでパサついている

「傷んでいる髪」とは？

あなたは、どんなときに髪のダメージを感じますか？

そもそも傷んでいる状態に気づいていなかったり、傷んでいる状態に慣れてしまっていたりしませんか？「髪が傷んでいる」とはどういうことなのか、本当はよくわからないという声もよく聞きます。まず、ご説明しておきますね。

人間の毛髪は3層構造になっています。かんぴょう巻をイメージしてみてください。

まず、髪の毛の中心には、かんぴょうのように「毛髄質《もうずいしつ》」が通っています。その周りを、ごはんのように「毛皮質《もうひしつ》」が包んでいます。そして、さらにその外側をのりのように「毛表皮《もうひょうひ》」が覆っている、という作りになっています。この毛表皮は、いわゆる「キューティクル」のことです。

ただ、巻きずしとは違うところが一点あります。キューティクルはのりとは違って透明で、実際に黒い部分は毛皮質です。キューティクルから毛皮質の色が透けて、髪が黒く見えています。イカスミごはんが透明なセロファンで包まれているような感じだと思ってください。

そして、毛髪は80%がタンパク質です。その他、水分や脂質でできています。

ダメージのない毛髪は、充分な量のタンパク質・水分・脂質が、キューティクルによってしっかり守られています。キューティクルはうろこ状になっていて、濡れると開き、乾くとまた閉じる性質があります。

このキューティクルが開いているとき、毛髪は弱く

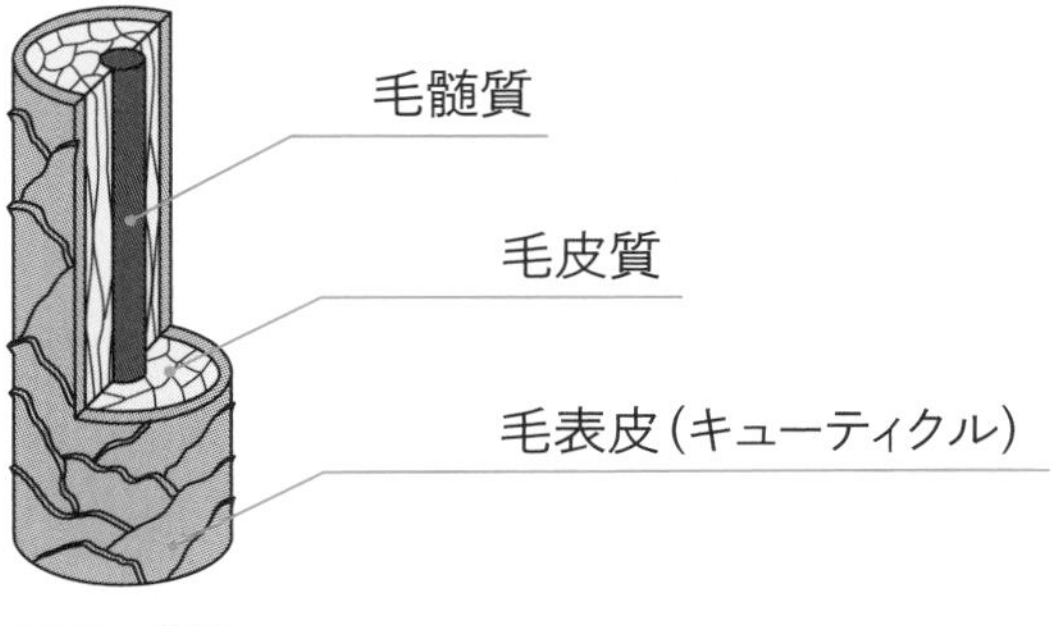

毛髪の構造

傷みやすい状態になります。

例えば、髪が濡れたまま寝てしまうと、開いているキューティクルが摩擦ではがれます。すると、毛皮質や毛髄質の繊維が流れ出てしまいます。毛皮質が流れ出せば水分が失われ、毛の繊維が裂けます。これがダメージの象徴とされる「枝毛」です。

パーマやカラーを定期的に受けている方は、よく髪を観察してみてください。濡れた状態で引っ張ると、ゴムのように伸びませんか？

これはかなりダメージが進んでいる状態です。このような毛は「ポーラス毛」と呼ばれます。キューティクルがはがれて毛皮質が流れ出し、毛髪はヘチマのスポンジのようにスカスカ。ボロボロの毛髄質だけでかろうじてつながっている状況なのです。

髪を傷める最大の原因

ある日、60代のお客様が初めてご来店されました。

第一印象は「若々しくキレイでありたい！」という強い意志を持った女性。流行を意識したファッションに明るいトーンの髪色、カールを効かせた華やかなヘアスタイルを選んでいました。

イキイキしていて悩みなんてないように見えましたが、実際は「傷みが気になる」とのことでした。髪の状態は、ポーラス毛までダメージが進行していました。

日頃のケアとして、白髪を隠すためにハイトーンカラーで染め、ボリュームを出すためにパーマをかけているそうです。さらに、毎日へアアイロンを使ってセットしている……。キレイになろうとして、傷みを悪化させてしまった典型的な例です。

そこで、まずは薬剤による髪への負担を減らすことにしました。

「思い切って、白髪全体を染めるのはやめてしまいましょう！」とお話しました。代わりにカラーでおしゃれに若々しく見せることに。赤みを消したアッシュベージュ系の髪色にしたら、透明感のある巻き髪に仕上がりました。さらに毛皮質まで浸透するトリートメントも追加したら、ダメージが目立たなくなりました。

「また一人お客様がキレイになって良かった！」と言いたいところですが、一つ白状しなくてはなりません。

実は髪のアドバイスをしている私たち美容師こそが、髪に一番ダメージを与えている犯人なのです。**パーマやカラーで使う薬剤が、髪のダメージの最大の原因となっています**。

「活性酸素」という言葉を聞いたことはないでしょうか？

物質を酸化させる力がとても強い酸素のことで、増えすぎると細胞や遺伝子を傷つけ、老化の原因になるとも言われます。パーマやカラーの薬剤には、この活性酸素をもたらす成分が使用されています。

さらに、カラーをするときは、薬剤を塗ってから20～30分の放置時間が必要になります。このときの刺激がどれくらいかご存じでしょうか？

実は、日焼け止めをつけていない皮膚に、30cmくらいの至近距離から真夏の石垣島の太陽を20分当てるのと同じくらいのダメージがあります。結果、ひどい日焼けを起こすことは簡単に想像できますよね。

薬剤をつけると、これくらいの大きなダメージを髪に与えてしまうのです。

「じゃあ、カラーやパーマはもうやめよう……」と思った方、安心してください。

カラーやパーマの前後に特殊な薬をつけることで、この活性酸素を取り除くことが

できます。一般的なカラーやパーマの施術では確実に髪にマイナスの影響を残してしまいますが、この処置を行えばほぼノーダメージです。

通常よりも髪を良い状態で施術を終えることができるため、私は「髪質改善（カラー／パーマ）」と呼んでいます。厳密に言えば「髪質ダメージプラスマイナスゼロ」ということですね。

気になる方は美容師に聞いたり、美容室のサイトで調べたりしてみてください。

健康な髪を育てて傷ませない

髪の毛がゴムのようにビヨーンと伸びる……とまではいかなくても、キシキシした手触りや枝毛があると感じるなら、多かれ少なかれダメージがあると考えられます。

残念ながら傷んだ髪は自然の治癒力でもとに戻すことはできません。

でも、**髪の外側と体の内側からアプローチして、傷みを抑え補修していくことができます**。

外側からのケアとしては、主に「薬剤などのマイナスの効果を軽減する」シャンプーを使用し、浸透の良いトリートメントなどで栄養を与えます。詳しくは次章で説明します。

そして、内側からのケアは主に生活習慣の改善です。

髪はタンパク質でできていますから、タンパク質が不足すると髪に必要な栄養が届きません。栄養バランスの良い食生活は髪にとって大切なのです。

さらに、生活リズムも整えてストレスの軽減を心がけ、新陳代謝を上げて健康な髪を育てましょう。

ありたい自分を目指すのは素晴らしいことですが、あまり頻繁にパーマやカラーを使ったヘアチェンジはお勧めできません。

特にダメージが気になっている場合は、美容師と相談しながら数カ月に一度、適切なケアをしながらヘアチェンジを楽しんでくださいね。

ネコっ毛でボリュームが出ない

自慢の髪がいつの間にか悩みに

若い世代の間では、細くて軟らかくフワッと軽いネコっ毛は憧れでしょう。甘くかわいらしい印象で、クラスのマドンナ的存在の典型ではないでしょうか？逆に、しっかりストレートの髪を持つ美人は、漫画などで学級委員を務める優等生キャラとして描かれますね。

そのためか、若い方からはあまり相談されないのですが、30代初めの大人の女性からは「最近、ネコっ毛で悩んでいる」という声が増えてきます。

ネコっ毛は、要するにコシがない髪の毛のことです。生まれつきではない場合、多くは髪の栄養状態が悪くなり弱っている状態と言えます。

年齢とともに頭皮が硬くなり、血流が悪くなって栄養が行き渡らなくなる。さらに、仕事の責任などから精神的なストレスを感じるようになる。生活習慣が乱れる……。このような事情が重なると、徐々に髪が弱っていきます。

コシがない髪はペタンと寝てしまいます。すると、頭部にパックリ分け目ができて地肌が出てしまい、お手入れしていないような印象になりがちです。

年齢的にちょうど生え始めた白髪が飛び出してきて、余計に「日常に疲れた貧相な人」に見えてしまうこともあります。

コシを取り戻して、ボリュームアップ

このお悩みも、根本から解決するなら「髪質改善」が一番です。

弱った髪を元気にするためには、タンパク質をしっかり食事で摂りましょう。さらに糖質を控えると、タンパク質をより効率的に吸収することができます。ビタミンやミネラル、魚などの飽和脂肪酸を含むバランスの良い食事が理想的です。

また、生活習慣を見直して血行を良くしたり、薬剤などの外からのダメージを減らしたりすることも欠かせません。

お客様の中にも、薄毛でお悩みの60代の方がいました。最初のご来店のときは髪にコシがなく、パーマをかけているのにボリュームのないヘアタイルでした。頭頂部の髪がパックリ分かれて、根元が白くなった髪と地肌がハッキリ見えていましたが、ご本人はどうしようもないと諦めていたようです。

そこで、白髪染めに活性酸素を除去する「髪質改善カラー」で白髪を染め、シャンプーもダメージの少ないものに変えました。すると、たった半年ほどで髪にハリが出て、根元が立ち上がり、髪の量が一気に増えたように見えました。

この頃から、栄養を補うサプリメントも飲み始め、生活習慣の改善も進めていきました。1年ほど経つと、頭頂部の毛がフワッと立ちあがって分け目がつかなくなり、薄毛で悩んでいたとは思えないほどになりました。

髪にボリュームが出たことで、ラグジュアリーな雰囲気へ大変身！

以前よりメイクにも少し力が入るようになり、髪とともに少ししおれていた自信も立ち上がってきているように見えました。

身近なものがもたらす髪への影響

突然、不思議な話に聞こえるかもしれませんが、美容師としての肌感覚では、スマートフォンが普及してきてからネコっ毛が増えてきているように思います。

近頃は、剛毛系の髪にあまり出会わなくなりました。最近の若い女性たちは、比較的細くてフニャンとした軟らかい髪をしています。

スマートフォンやパソコンから出る「ブルーライト」を見すぎると、自律神経が乱れます。夜遅くまでゲームをしたりSNSを眺めていたりすれば、生活リズムが乱れて睡眠の質も下がるでしょう。このようなスマートフォンによる生活の変化も、髪に影響しているのではないかと考えています。

ブルーライトを除去するメガネをかけたり目に優しい設定にしたりしてください。

そして、就寝の1時間前にはスマートフォンやパソコンを見ないようにするのがベストです。できるだけ、ブルーライトと睡眠不足を避けた生活を心がけるようにすると、髪の健康につながるでしょう。

ネコっ毛は、髪の性質やエイジング現象のせいで「解決できない仕方のないこと」とは限りません。毎日の習慣を見直して髪の力を取り戻しながら、フワフワ軽やかで愛らしいネコっ毛の持ち味を楽しみましょう。

今すぐ何とかするには

ただ「1年もかかるなら自分には無理……」と、心が折れそうになってしまったなら、すぐにペッタリしがちな細い髪を豊かに見せる知恵をお伝えします。

まず、**スタイルはミディアムが一番お勧めです**。長い髪は重みでなかなかボリュームが出ません。逆に短いと軽くなりすぎて、ポワポワとまとまりにくくなります。フワッと柔らかい感じを出しつつ、まとまって落ち着きやすいのは、肩につかないくらいの長さです。

そして、髪の立ち上がりがつきやすい方（多くの場合は右）で分け目を作れば、さらにボリュームを出すことができます。

もっとボリュームアップしたいならトップをコテで巻くか、セルフで難しい場合はパーマを組み合わせると良いでしょう。もちろん、ダメージを抑えながら行うよう、美容師に相談してください。

また、**スタイリング剤の使い方にも気をつけましょう**。

軽くてフワフワする毛を抑えようと、スタイリング剤をつけ過ぎると、ベタッとした仕上がりになります。最悪の場合、洗っていないような不潔な感じに見えることもあります。

手に取りすぎないようにしてください。

ボリュームアップのヘアスタイル

フケが出てしまう

大切なのは「頭皮環境」の改善

「気づいたら、髪や服に白いものがついていた……」

そんなフケの正体は、はがれ落ちた頭皮です。

スキンケアに気を使っている方なら、肌が周期的に生まれ変わる「ターンオーバー」という言葉を聞いたことがあるのではないでしょうか。

人間の皮膚は約28日周期で細胞が生まれ変わります。肌の奥から新しい細胞が生まれると古い細胞は押し上げられて、最終的にはがれ落ちていきます。

頭皮も同じようにターンオーバーを繰り返しています。

でもよく考えれば、顔からフケは出ませんよね。なぜ、頭だけフケが出るのでしょう？　実はある要因のため、古い皮膚が大きな塊になってしまうのです。

大きな要因として、頭皮から出る皮脂が関わっています。

皮脂が過剰に出たり洗いきれていなかったりすると、活性酸素によって酸化した脂である「過酸化脂質」が毛穴に詰まります。すると、その皮脂をエサとする菌が繁殖してしまうのです。

結果として、ターンオーバーのサイクルが乱れ、はがれ落ちた皮膚に皮脂やホコリなどが混ざって、ベタベタした「脂性フケ」になります。

逆に、カサカサした「乾燥フケ」にお悩みの方もたくさんいらっしゃいます。

もともと乾燥肌であったり、冬に空気が乾燥したりすることが原因です。洗髪のしすぎや血流の悪さによって、皮脂が足りない場合でも起こります。

乾いた頭皮環境を修復しようとしてターンオーバーが早まり、はがれた皮膚が大きな塊になってしまうのです。

つまり、**どちらのタイプのフケも、皮脂をコントロールして頭皮環境を整えること**

が、改善のための大切なポイントになります。

頭皮環境の改善には、髪の洗い方を変えることが一番確実で即効性があります。

充分な洗浄力がありながら必要以上に洗いすぎないシャンプーを選び、ブラシを使って洗髪しましょう。具体的な方法は3章でお伝えします。

また、皮膚のターンオーバーを助ける習慣も始めましょう。

「肌のゴールデンタイム」というものがあります。ホルモンの関係で皮膚が生まれ変わると言われる、午後10時～午前2時の間のことです。この時間帯にしっかり睡眠を取ることで、皮膚のターンオーバーを整えます。

健康な皮膚を生み出すためには、髪と同様に食事や睡眠などの生活習慣を整えて栄養状態と血流を良くすることも必要です。頭皮が生まれ変わるサイクルを正常化できれば、ほとんどのフケは1カ月ほどで治まります。

頭皮環境の改善で仕事の環境も変わる

フケにお困りだったお客様が大変身をとげたケースがあります。

この方のフケは乾燥が原因でした。縮れたような癖毛のため、毎月のようにストレートパーマをかけていたそうです。髪のダメージも相当あるようでした。そこで、あえて短くしてはどうかとお勧めしました。

ところが「長くしてストレートパーマをかけていないと収まらない！」と、断られてしまいました。扱いが難しい髪と長年つき合ってきた結果「これが一番自分に合うやり方」という強い信念ができていたようです。

お悩みの深さを感じながら、まずはフケを解消するためのアドバイスから始めました。すると、心が動いた様子で、多忙な生活でおろそかになりがちな栄養面をサプリメントで補いつつ、お勧めのシャンプーでケアを実践することになりました。

その結果、1カ月後にフケはすっかりなくなっていました。それだけでなく、気にされていた顔の肌トラブルもかなり解消されました。

さらに、少しずつ髪が軟らかくなり、まとまりも良くなっていきました。数カ月後には、初めて会ったとき「できない」と言っていたショートヘアにチェンジ。ストレートパーマの必要がないくらい、癖が収まったからです。

そして、驚きの変化は髪や肌だけにとどまりませんでした。

髪も肌もキレイになると、人は、自信がついて雰囲気が変わるものです。このお客様も、あるときから自己肯定感が上がったように見えました。

第一印象がグッと良くなり、人を引きつける良いオーラが出るようになりました。ついには、お仕事のプロジェクトリーダーに昇進したという嬉しい報告をいただいたのです。

このように、**髪のケアによって人生は加速度的に良い方へ運ばれていきます**。

清潔にしようと思って洗いすぎてしまい、かえってフケやその他のトラブルを招いていることもあります。そうなると、せっかくの「キレイにしよう」という良い心がけがもったいないですよね。

この機会に、頭皮の状態やケアについて振り返ってみてください。

頭皮環境を整えると、健康な髪の育成も促されます。髪質や肌までキレイになり一石二鳥……いえ、それ以上に人生で良いことがたくさん起こるかもしれません。

かゆみがとまらない

「頭をかく」しぐさが招く副作用

頭を触るという行動はかゆみが原因であるだけでなく、不安な心理を表すと言われます。**ストレス、緊張、さらには「愛されたい」という欲求などがあるときに、頭を触る**そうです。

もし面と向かって話しているとき、相手が絶えず手を動かしていたら、自信がなさそうな印象を受けるのではないでしょうか？　落ち着いてしっかり顔を見て話してくれる人なら「芯があって信頼できそう」と思えますよね。

あるお客様は、「かゆいんですよね」と言って、よく頭をかいていました。

私はその手が動くたびに「かいたら悪化してしまう……！」とヒヤヒヤ。すると、その方に対して知らず知らずのうちに「目が離せない、どこか頼りない女性」という印象を持ってしまっていました。

いくつかアドバイスをすると、ほどなく頭のかゆみは治まったようです。

それからしばらくしてお会いしたとき「あれ、こんなに堂々とした人だったかな？」と思いました。せわしない動きがなくなったら、お互いに落ち着いてお話することができて、その方が本来元気でポジティブな性格の持ち主であることを知りました。

「良い血流」でかゆみを撃退

そもそも、かゆみ自体が大きなストレスになります。ストレスは髪に良くない影響を与えるので、早めにケアしましょう。

かゆみを訴えるお客様へのアドバイスはシンプルです。**フケの対処法と同じく適正**

な洗髪ケアで頭皮環境を改善します。

かゆみは一種のアレルギー反応です。何らかの刺激によって、皮膚の「真皮《しんぴ》」にある「マスト細胞」からかゆみの原因物質が出されます。それが神経や血管を刺激して、かゆく感じたり赤く腫れたりします。

花粉が刺激となって起こる花粉症も、同じアレルギー反応によるものです。

実は、食品添加物も刺激になり得ると考えられています。なんと、日本人は年間8キロも食品添加物を摂取してしまっていると言われています。これを機に、食事や食品を買う際は添加物を気にすると良いかもしれません。

また、**乾燥も大敵**です。血行不良などで頭皮が乾燥すると外からの刺激を受けやすくなり、かゆみが起こります。また、皮脂が過剰に分泌されて毛穴がふさがれると雑菌が繁殖し、かゆくなってしまいます。

どちらの場合も爪でひっかいてしまいがちですが、頭皮を傷つけると傷から繁殖した雑菌が毛穴に詰まります。こうした雑菌や過酸化脂質が頭皮に刺激を与えて炎症になる可能性があります。

とにかく、かいて悪化させないことが鉄則です。

まとめると、次の2つのケアで頭のかゆみは治まっていきます。

①適正な洗髪で頭皮環境を良くすること

②血流の滞りが頭皮の乾燥や過度な皮脂を招くので、血行を良くすること

適正な洗髪については第3章で説明します。

また、経験則ですが、**睡眠の質を上げた人が早く回復しています**。一見あまり関係がなさそうですが、睡眠不足は血行を悪くします。

「よく眠る」だけで憂うつなかゆみによるストレスがなくなり、疲れが取れて元気になるボーナスまでついてきます。「忙しくていろいろケアできない」という場合はとりあえず最低6時間、できれば7~8時間は睡眠時間を確保して、よく寝るようにしましょう。

ツヤがない

ツヤ髪とは「光が反射する髪」

ツヤは髪の「命」とも言えます。

髪のツヤは、プロが写真を撮るとき対象に光を当てるための「レフ板」のような役割を果たします。肌に多く光が当たると透明感が出て、顔を格段にキレイに見せてくれます。

さらに、顔に影が落ちなくなることで凹凸感が目立たず、シャープに見えます。そのため「髪にツヤが出ると、5歳若返り3キロやせて見える」と言われるほど、見た目に違いが現れます。

つまり、**髪のツヤには高級化粧品やエステ級の効果があるのです！**

髪にツヤがないと、いろいろな意味でもったいない。一緒にツヤ髪を取り戻していきましょう。


「髪にツヤがない」というのは、癖毛の方に多いお悩みです。髪にツヤがないのは、髪に当った光があちこちに「乱反射」しているからです。

シャンプーのＣＭでは、ロングのストレートヘアの方ばかり登場しますよね。ロングのストレートヘアは、凹凸のない「面」のように光をまっすぐ反射します。光が一定の方向に反射すると「ツヤがある」状態になります。逆に、表面が凸凹していると、光はいろいろな方向に反射してしまうため、ツヤがないように見えます。

ちなみに、癖毛には「湿気が天敵」とよく言われます。

癖毛は、不均一に水分を取り込んでしまう構造になっています。そのため、空気中の水分を含むとうねりや広がりが出やすくなり、ツヤが見えにくくなります。


癖毛のケアには、オイルの二度づけがお勧めです。油は水をはじくので、水分を取り込みづらくしてまとまりが出せます。

一度目は洗髪後の濡れた状態でキューティクルが開いているとき、オイルをキューティクルの内側に浸透させます。二度目はドライヤーで髪を乾かしてから、外側からコーティングするためにつけます。

また、乾かすときにもポイントがあります。全体が乾いたら、最後にドライヤーの冷風をかけること。こうすると、キューティクルがキレイに閉じて、まとまりやすくなり、髪にツヤが出ます。

髪は「太っている」方が良い

髪全体に凹凸がある場合だけでなく、毛髪そのものが凸凹になっている場合も乱反射が起きてツヤが出ません。

ぽっちゃりした方の頬を想像してみてください。

パンッとハリがある肌は、艶《つや》やかに見えますよね。**脂肪と水分とタンパク質をたっぷり含み、内側からふっくらしているため光がキレイに反射してツヤが出ます。**

逆に、やせている方の肌にはツヤがありません。内側の水分や脂肪、タンパク質が少ないためにハリがなく、表面に凹凸があるため光が乱反射してしまいます。肌と同じ原理で、1本1本の髪も脂肪と水分とタンパク質で満たされて「太っている」とツヤが出ます。髪が傷むとツヤがなくなるのも、髪の内部の組織が流出して「やせた」髪になっているからです。

体は太らない方が良いですが、髪は太っていた方が良いのです。生えてくる髪を元気に育てましょう。そのためにも、頭皮環境の改善、栄養バランスの良い食事、良質な睡眠やストレスの軽減など、生活習慣を整えることが欠かせません。聞き飽きたかもしれませんが、これが髪のお悩み解消法の基礎なのです。

さらに、髪を太らせるためのレスキューとして行うのが「トリートメント」です。**一度痩せてしまった髪も内部まで栄養を浸透させて補修すれば、太らせることができます**。髪の内部から失われた「ぽっちゃり成分」を外側からも補充します。ただ、この成分の粒子が大きすぎると、なかなか髪の中に入っていきません。市販品と美容室で使われるトリートメントは、この成分の大きさが違います。

美容室のトリートメントは成分が最大限、髪に浸透するように、粒子をかなり微細化してあります。だから高い効果が期待できます。

ご自宅でもできるだけ浸透力の高いトリートメントを選び、継続してケアしてあげましょう。

ツヤが欲しいなら暗めのトーンで

ツヤが出にくい髪色もあります。

金髪のようにかなり明るいトーンのカラーは、ツヤが見えにくくなります。色の種類も関係します。イエローやグリーン系のマット系の髪色は、個性的で人気があります。でも「マット」という名前の通り、光沢感がないためツヤがない髪になります。

美容室でカラーをするときは頭の隅に置いて、おしゃれとツヤ感のバランスを取るようにしてください。

髪にツヤが出たお客様の顔からは「抑えきれない！」というように、ワクワクがにじみ出ます。髪のツヤによって気持ちが高揚《こうよう》するという調査結果もあるそうです。

そしてこれは私の持論ですが、髪にツヤが出ると人間性にもツヤが出てきます。**「こうありたい」という意志を持って、自分を表現できるようになります**。その人本来の光が出て、人としての魅力もどんどん増すのです。

まるで高級エステに通ったかのように見た目を変えるだけでなく、内面まで魅力的に変えてしまう…ツヤ髪には、そんな不思議な力があります。

ハネてまとまらない

まとまりにくい髪の基本的な扱い方

毎朝思うようにスタイリングできなくて時間がかかってしまう……。

これは、かなりストレスを感じますよね。でも、場合によって、そのお悩みはあっけなく解消してしまうかもしれません。

癖毛が原因の場合、お出かけ前のセットは全体を濡らさないことがポイントです。

癖が出やすいところや広がるところを少し湿らせて、オイルやクリームをつけてからブローすると良いでしょう。ブローの後、仕上げにもう一度オイルをつけます。

夜に洗髪した後は、寝ている間に適量の皮脂が自然に出ています。天然のヘアオイルのようなものですから、良いツヤが出ます。朝起きてから髪を洗ったり髪全体を濡らしたりすると、その皮脂も流れてしまうのです。洗い流さずに利用してください。いつも同じ部分が同じ方向にハネてしまうなら、カット方法を変えるだけですぐに解決することもあります。髪の生え癖などが影響している場合、パーマやストレートのポイント使いで矯正できるケースも多いのです。

ただし、ハネや広がりを抑える施術は、髪の生え方や髪質・髪の状態を考慮して行う必要があります。美容師の知識やテクニックに頼るところもあるので、髪の状態と希望をしっかり共有しましょう。「いつも顔周りの左側の髪が外側にハネてしまって……」など、問題点を美容師に詳しく伝えるようにしてください。

「切らない方が収まる」は幻想

自分の髪の状態をきちんと把握してコントロールしようとするあまり、独自のルールに縛られてしまう方もいます。

でも、**実はその認識が思い違いということもあります**。

ネットやテレビでチラッと見た情報に惑わされていることも……。もしそうであれば、自分なりのこだわりから出た細かな要求は逆効果になってしまいます。

あるお客様も「自分ルール」を持っていました。

「ここがハネてしまう」「ここはつぶれてしまう」「広がってまとまらない」など、ご自身の髪を詳しく分析されていました。だから「ここはこう切ってほしい」「ここは短くしないで」「長さは変えずにスッキリさせてほしい」「パーマは絶対に必要」……というように、指示がものすごく細かいのです。

「やりたい」「やりたくない」というご希望があるのは良いことだと思います。

ただ「ハネ」や広がりなどのお悩みについては、カットを少し変えるだけで直せる部分もあります。「そこは切らないで」という指示がネックになり、ひと工夫でもっと良くできることがかえって難しくなっていました。

そこで、まずはすぐに変えてもらえそうなところから、お悩み解決の方法を提案してみました。ハネや広がりについては髪質改善も必要と思われたので、お勧めのシャンプーをお伝えしたら、こちらはすんなり受け入れてもらえました。

シャンプーを変えるだけでいろいろな問題がすぐに解消され、とても驚かれたようです。その後も定期的にご来店いただくようになりました。

髪がキレイになっていったときの素直な反応から「この方は変わることができる人だ」と感じられました。私は時間をかけて、彼女の誤解を解いていくことにしました。

そしてあるとき、話題だったドラマの主演女優さんの名前を出して「このドラマのキャラクターのヘアスタイルにしてみませんか」とご提案しました。

すると「やってみましょう」と、びくともしなかったお客様の心が動いたのです。

確かに、切りたくないと言っている部分を「切りましょう」と言われれば、誰でも少なからず抵抗を感じるでしょう。このときは、仕上がりのイメージが想像しやすかったため「切る」ことに意識が行きすぎなかったのかもしれません。

「挑戦してみても良いかな」と思ってくれたようです。

思い込みのブロックを外せば世界は広がる

これが、この方の「髪に対する思い込みのブロック」が外れる転機になりました。

髪がキレイにまとまっただけでなく、とても感じの良い雰囲気に仕上がりました。初めてのヘアスタイル、新鮮な自分の姿、しかも好きな女優さんのような雰囲気……大変気に入ってくださったようです。とてもワクワクした表情になり、テンションが上がったことが手に取るように伝わってきました。

するとその後、まるでその女優さんのイメージに合わせるように、ファッションもおしゃれになっていきました。さらに、髪にツヤが出るにつれて、心も柔軟になっていくようでした。「人間性のツヤ」も出てきたのです。

自己肯定感も上がったように見えました。「あの子みたいにしてみたい」と新しいスタイルに挑戦するほど、美容に対しても貪欲になりました。「あれはダメ」「これはできない」と言っていた頃とは、まるで別人のようです。

初めてご来店いただいてから1年ほど経っていました。「時間はかかったけど、大切なことが伝わったんだ」と、私の喜びもひとしおでした。

これは、髪に限っての話ではありません。

「私、お肉食べない人だから」「お化粧はしない。自然のままのすっぴん派！」。

あらゆる面で自分なりのスタンスを明確に持っている方はよくいらっしゃいます。意志を強く持つことは悪いことではありません。それがうまく機能しているなら、OKでしょう。でも、年齢やコンディションなどの変化で、それまでのやり方が通用しなくなることもあります。

食わず嫌いなものがあったら「私はこうなの」で終わらせずに、自分で自分をカウンセリングする時間を作ることをお勧めします。

仕事で希望とは全然違う部署に異動を打診されたり、お断りした男性からもう一度おつき合いを申し込まれたり……。これまで「ありえない！」で終わっていたことも、シャットアウトせずに一度考えてみてはいかがでしょうか。

それを受け入れることであなたの頑なな心を開き、隠れていた問題を解決するチャンスなのかもしれません。

思いもよらない働きかけをしてくる人は、新しい人生の扉を開いてくれる「キーパーソン」の可能性もあるのです。

counseling 3

カウンセリング３

普段どんな
ヘアケアをして
いますか？

毎日のケアは「シャンプー」の見直しから

レストランでお客様の好みを聞き、料理に合わせて「ワイン＝求めているものを選ぶ」お手伝いをする。そんなワインソムリエのように、シャンプーを選ぶ手助けをし、美髪や美肌を叶えるのが「シャンプーソムリエ」（商標資格）です。


なぜシャンプーのソムリエなのに美肌が関係するのか？

多くの方は化粧水や洗顔料など、顔につけるものは大変気にされます。一方で、頭皮に使うシャンプーのことはあまり気にしていないことが多いようです。

でも、考えてみてください。顔から頭まで、同じ一枚の皮膚でつながっています。シャンプーも、化粧品と同じくらい気を遣う必要があるはずです。

本当に良いシャンプーは、洗浄成分をなくしたら化粧水になります。つまり、安全性・機能性が高い化粧水に洗浄成分を配合したものが、良質なシャンプーです。良いシャンプーを選ぶには、肌を美しく保つための知識もなくてはなりません。

そして、シャンプー剤の要となるのが洗浄成分である「界面活性剤」です。シャンプーソムリエは、シャンプー剤の構造を勉強し、その特性を理解します。おそらく数百種類はある界面活性剤を読み解くために、一つひとつ自分で試用します。

もし界面活性剤が合わないと、肌荒れや湿疹、髪のダメージなど、いろいろなトラブルの原因になります。ですから、まず頭皮の状態、髪のタイプやダメージのレベルなどを把握し、現状に最適な成分が配合されたシャンプーを選ばなくてはなりません。

私はシャンプーソムリエの師匠と出会ってから、皮膚も髪も全ては体の中から作り出されるのだという原点に立ち返りました。「何を食べてどんな生活をしたら、効率的に良い体や髪を作れるのか」と、よく考えるようになりました。

「髪質改善＝髪を良い状態に保つ」ことは、メイクをする前のスキンケアと同じ。キレイにメイクしても、カサカサな肌では映えません。毎日の髪の扱い方も、ヘアスタイルと同じか、それ以上に大切だということをもっと知ってほしいのです。

あなたは日々どんなヘアケアをしているでしょうか。

ここからは、毎日がもっとワクワクする「正しいヘアケア」をお伝えします。

シャンプーなどにはこだわらない？

シャンプーについて知っておきたいこと

毎日の洗髪にシャンプーを使っていますか？　どんなものを使っていますか？　適度な価格で香りが良いものや、低刺激のものを意識しているでしょうか。あるいは、パートナーやご家族が買ってきたものを何となく使っているかもしれません。

実際、こまめに美容室に来る方でも、選び方がわからないという方がほとんどです。

でも、**シャンプーはほぼ毎日使うものなので、髪に大きな影響を与えています**。シャンプーを変えるだけでも、髪に大きな変化が現れます。

前提として、**シャンプーはカラー剤などのように、髪にとってマイナスの要因になってしまうものだということを知っておいてください**。洗浄成分である「界面活性剤」が、毛髪の主成分であるタンパク質を変性させてしまうからです。

「タンパク質の変性」とは、生卵を焼くと卵焼きになるのと同じような原理です。毎日のシャンプーは、卵焼きを何度もひっくり返すうちに焼きすぎて、焦げてしまうのに似ています。

そのため、最近はシャンプーを使わない「ノーシャンプー派」という方もいらっしゃるようです。でも、使わない方が良いかというと、そうとも言い切れません。頭皮に残った皮脂などの汚れはフケの原因になります。油は水をはじくので、シャンプーを使わずに水やお湯だけで汚れを落としきることは難しいのです。

「良いシャンプー」って？

頭皮にたまった汚れを落としてくれるものこそが「界面活性剤」です。

油分にも水にもなじみが良いため、本来混じり合わない皮脂と水を橋渡しして、汚れを引きはがします。

洗浄剤の泡は、この界面活性剤が作っています。食器用洗剤の泡は、フライパンについたギトギトの油汚れをサッと落としてしまいますよね。

とても大ざっぱに言うと、シャンプーはこの食器用洗剤を肌につけても大丈夫なところまで水で薄めたものです。市販のシャンプーの場合、90％が水、6％が界面活性剤、その他4％に栄養補修成分や香り、防腐剤などの成分が入っています。

つまり、**この界面活性剤の質こそが、シャンプーの品質を決めています**。

界面活性剤は、大きく「石油系」と「アミノ酸系」に分けられます。

石油系は強い洗浄力が利点ですが、タンパク変性率（タンパク質を変性させる度合い）が高く、頭皮を守るための適度な脂まで取り去ってしまうデメリットがあります。

もう一つのアミノ酸系は洗浄力がマイルドで、タンパク変性率がだいぶ低いのが特長です。また、アミノ酸はタンパク質の主成分でもあります。髪や皮膚もアミノ酸からできているようなものなので、刺激が少なく泡自体が栄養にもなります。

「やさしい泡で低刺激」とうたって販売されているベビー用のシャンプーは、このタイプが多いです。

でも、栄養や保湿成分などもあまり配合されていません。肌に抵抗力を持たせる働きがないため、思いがけない肌トラブルを起こすこともあり、注意が必要です。

つまり、**良いシャンプーとは「アミノ酸系の界面活性剤が使われ、かつ保湿成分なども バランス良く配合されているもの」**です。充分な洗浄力がありながらダメージは最小限にとどめ、かつ頭皮を健やかに保つ効果もあります。

シャンプーの「不都合な真実」

ショッキングな事実ですが、市販の石油系のシャンプーにはタンパク変性率が90％にもなるものがあります。一度の洗髪で、プルプルの生卵を中まで火が通ったカチカチの卵焼きにしてしまうほど刺激が強いものです。

サロン専売品のシャンプーは基本的にアミノ酸系で、タンパク変性率の平均は30～40％くらい。90％よりはずいぶん良いですが、それでも確実にダメージはあるということを忘れてはいけません。

そこで、**洗髪でマイナスになった状態を補うのがトリートメント**です。

良いシャンプーとトリートメントをうまく組み合わせると、ダメージがほぼない状態まで戻すことができます。

アミノ酸系の界面活性剤にもいくつか種類があり、それらの組み合わせは単純ではありません。アミノ酸系であれば何でも良いとは言えないのです。

また、トリートメント効果を高めようと、栄養補修成分をたくさん入れると、泡立ちが悪くなってしまいます。

以前、私がシャンプーを開発したときにも、これらの最適な配合を割り出すことに一番苦労しました。何度も試行錯誤を重ねて、作り上げたのが「自由が丘シャンプー」です。タンパク変性率は18〜19％に抑えることができました。

さらに現在、業界最高水準のシャンプーのタンパク変性率は4・7％です。

これらのシャンプーは、低ダメージの上に保湿効果も優れているので、髪だけでなく顔まで一緒に洗ってＯＫです。洗顔料でさえ、タンパク変性率が50％くらいのものもあります。そのため、私は「顔まで洗った方が良いシャンプー」と呼んでいます。

「良いシャンプー」の選び方

シャンプーを選ぶときには、成分表示を見ればある程度の品質がわかります。成分表記は「多く使用されている順」と義務づけられています。

そのため、水が先頭にきます。その後に「ラウリル硫酸ナトリウム」「ラウレス硫酸ナトリウム」と続くなら、洗浄力が強いものと言えるでしょう。ただし、これらは石油系の界面活性剤なので、使い続けると髪に大きなダメージを与える可能性があります。

アミノ酸系の界面活性剤には、代表例として「ベタイン」「グルタミン酸ナトリウム」「ラウロイルメチルアラニンナトリウム」などがあります。これらが含まれていれば、石油系よりはダメージの少ないシャンプーと考えて良いでしょう。

すでに触れたように、その他栄養分などの配合のバランスによって、シャンプーの質は変わります。でも、全ての成分を読み取るのは簡単ではありません。

そこで、一つの目安にできるのが価格です。

シャンプーソムリエとしては「1㎖単価8円以上」のものをお勧めします。タンパク変性率30~40%のものが、おおよそこのくらいの価格です。サロン専売品がこのランクにあたります。

300㎖で500~600円ならタンパク変性率90%、1000円なら50~60%、2400円なら30~40%、5000円になれば10%台くらいだと考えてください。

ただ、値段が高いからあなたの髪に「良いシャンプー」であるとは限りません。

ここで言う良いシャンプーとは、タンパク変性率などの観点から「一般的に悪くないシャンプー」です。デメリットは少ないですが、あなたの髪に最適なものかはわかりません。髪質によっても良いシャンプーは違います。

機会があったら、ぜひシャンプーソムリエに相談してみてください。

あなたにとってのベストな一品が見つかったら、違いを体感できるでしょう。

もしかすると「2000円以上のシャンプーなんて買えない」と思ったでしょうか。

私のシャンプーを紹介すると、お客様の顔にもよく「高い!」と書かれています。

でも、ちょっと考えてみてください。

例えば、ダメージが強いために収まりが悪く、ストレートパーマに毎回2万円をかけているとします。そこで、毎月5000円をシャンプーとトリートメントに使った結果、ストレートパーマが必要なくなるとしたら、コストパフォーマンスは良いと思う方もいるのではないでしょうか。

「いや、その5000円はカフェに使う！」という方もいると思います。仕事終わりにコーヒーを飲んでホッとするひとときが、日常で良いパフォーマンスをするために欠かせないのであれば、それも有意義です。

ただ個人的には、**良いシャンプーを使う方が、毎日のワクワクがより長く続く**のではないかと思っています。

お風呂上がりに髪を乾かしたとき、朝セットするとき、街の中でショーウィンドウや鏡に映る自分の姿を見たとき。指通りやツヤを確認して、その変化をいつも楽しむことができるからです。周りの人もあなたの楽しそうな様子に気づくでしょう。

毎日の小さな変化が仕事や恋愛など、人生の変化につながっていくかもしれません。

シャンプーブラシを使っている？

効率よく汚れを落とす「ブラシ洗髪」

行動が早い人は、すぐにネットで調べたり美容師に相談したりして、良いシャンプーを購入しているかもしれません。

でも安心するのは待ってください。シャンプーを変えるだけでは、期待した変化を感じられないことも起こり得ます。

シャンプーの質だけでなく、髪の洗い方も重要なのです。

シャンプーソムリエはみなさんが美容師と同じような洗髪ができるよう、髪を洗う際は専用のブラシの使用を推奨しています。お風呂の外でも、別のブラシを使ってケアするとベストです。

これから、ブラシを使う意義とその使い方について解説します。

まず、**インバス用（バスルーム内で洗髪するときに使う）のブラシは、毛穴の汚れを落とすために使います**。

洗髪用のブラシはピンの本数が多く、頭皮を傷つけないように先が丸い形状になっているものがお勧めです。ピンが確実に毛穴に到達して、しっかり洗浄することができます。

日本人の毛髪の本数は平均10～11万本と言われています。毛穴については、毛髪は同じ毛穴から2～3本生えていることもあるので、約5万個あると考えられます。たった10本の指で、5万個の毛穴はとても洗いきれませんよね。そこで、ブラシの細い毛先を使ってまんべんなく毛穴の汚れを落とすわけです。

毛髪が濡れるとキューティクルが開いて傷つきやすい状態になります。そこへ、手でゴシゴシ洗って髪同士がこすれると、ダメージにもつながります。ブラシを使うことで、この摩擦も軽減することができます。

加えて、頭皮のマッサージ効果も得られます。

先にお伝えした通り、頭皮は顔から1枚皮でつながっています。顔の柔らかい肌に比べて、頭皮は柔軟性がありません。活性酸素やストレス、自律神経の乱れなどによって、年齢とともに頭皮が硬くなっていきます。すると、対照的に軟らかい顔の肌は重力で下がっていきます。

頭皮をブラッシングでほぐすと、凝り固まりがほどけて軟らかくなります。血流が良くなり、むくみも取れて顔がスッキリするのです。

このブラシはもう一つ、トリートメントをしっかり塗布する役割も担います。鎖骨くらいの長さの場合、約11万本ある髪の毛の表面積は、約2畳分になると言われています。その全面に手だけでトリートメントを塗るのは、ほぼ不可能でしょう。でも、ピンがたくさんついたブラシを使えば、バケツに入れたトリートメントを一気に畳一面にかけるのと同じくらい、効率的で確実に塗布できるわけです。

シャンプーソムリエが開発した「シャンプーソムリエ スカルプブラシ」のピン数は、372本もあります。さらに、その全てのピン先から、1秒間に約32〜38兆回も目に見えない振動をする「テラヘルツ波（育成光線）」を出す加工が施されているのです。

この育成光線が、毛穴の汚れや詰まりの除去を助けてくれます。

また、細かいピンで髪をとかすと、トリートメントの成分がまんべんなく行き渡るので、トリートメントの効果をより高めることもできます。

さらに、微細な振動が究極のマッサージ効果をもたらします。頭皮の細胞の活性化や血行促進も期待できるのです。「美容室レベルのヘッドスパと髪質改善トリートメントを、毎日のセルフケアでできてしまうブラシ」と言えるでしょう。

ブラシを上手く使えば美容効果も

もう1本、アウトバス用（洗髪後バスルームの外で使う）のブラシも用意できると理想的です。これは、**アウトバストリートメントを行き渡らせる役割を担います**。洗い流さないヘアオイルやクリームなどをつけた後、全体をブラッシングします。

このときに使うブラシは、ピンの土台に空気穴があるようなクッション性が高いものがお勧めです。ピンの当たりがソフトで頭皮に優しくフィットします。洗髪用のブラシと同じように、育成光線の加工が施された「ルーヴルドー レヴィ パドルブラシ」をお勧めしています。

髪にクリームをなじませながら、頭皮のマッサージも行いましょう。頭部には末梢神経やリンパが集まっています。特に、顔と頭皮の境目の部分や耳の周りに、ブラシを当ててグルグルと回すように動かしてください。自律神経を整える効果があるというツボも集まっているので、血行が良くなり老廃物を流し出すことができます。

また、頭皮をほぐしてから眠れば睡眠の質も良くなります。健康な髪が育成され、白髪や薄毛の解消にもつながるでしょう。

でも、育成光線が出るブラシでないと意味がないわけではありません。

100円ショップなどで購入したブラシでも構いません。とにかく、良いシャンプーとブラシを使った洗髪が大切なのです。

インバス用のブラシなら、ピンが頭皮に優しい素材や形状になっている「シャンプーブラシ」と呼ばれるもの、アウトバス用のブラシは「クッションブラシ」「パドルブラシ」と呼ばれるもので良いでしょう。

counseling 3

普段どんなヘアケアをしていますか？

先が固かったりとがったりしていないかなど、頭皮を傷つけない形状であることだけ、確認して選んでください。

また、ロングヘアの方や髪のダメージが大きい方は、最初に目の粗いコームで全体をとかし、もつれなどを取ってから、目が詰まったコームを使いましょう。

ブラシの種類

適切な洗髪方法を知っている？

適切な洗髪の6ステップ

朝シャワーを浴びてシャキッと目を覚まして、髪も洗ってサッパリしたい。

そんな朝シャン派は一定数います。ただ、朝のシャワーの時間は10～15分程度ではないでしょうか。そうなると、朝シャンはあまりお勧めできません。

前の章で触れた「夜寝ている間に分泌される皮脂」を残して、自然なツヤを出したいということもあります。でも、大きな理由は間違った洗髪を避けるためです。

適切な洗髪方法は、次の手順とポイントを参考にしてください。

①ブラッシング

髪を濡らす前にまず粗歯のブラシでブラッシングします。髪がひっかからないように気をつけてください。後頭部から頭頂部、頭頂部から後頭部、両方向にとかしましょう。シャンプーやすすぎでも同じようにとかしてください。

このブラッシングで髪の汚れの半分ぐらいが落ちて、頭皮の血行も良くなります。

②湯洗い

次はただ髪を濡らすのではなく、シャンプーをつける前にお湯で頭皮と髪の毛をしっかりすすぎます。ここでインバス用のブラシを使い、お湯を髪の毛にかけながらブラッシングしましょう。このときに汚れをほぼ落としてしまうイメージです。

ロングヘアの方はからまないようにまず毛先をほぐし、根元からとかします。ショートの場合は根元から始めても良いでしょう。

また、シャンプーが泡立たないときは、汚れが多いしるしです。初めに汚れを落としておくと「皮脂の代謝が多い春先や秋口（季節の変わり目）などに泡立ちが悪い」「乾燥した冬はよく泡立つ」など、季節による泡立ちの違いがなくなります。

③シャンプー

シャンプーをよく泡立て、地肌から髪の毛につけていきます。量は「必要最低限を取って足りなければ足す」くらいの気持ちで大丈夫です。

泡立てが苦手な人は、洗顔料を泡立てるためのネットなどを使うと良いでしょう。シャンプーを液体のまま地肌につけると頭皮に残りやすく、トラブルのもとになります。

ここでもブラシを使って、頭皮をマッサージするようにとかします。耳の周りに集まっているリンパを意識してください。耳前・耳上・耳後ろを起点に、頭頂部に向かって下から上へ血流を促します。リフトアップするイメージでとかすと良いでしょう。

私のお勧めのブラシを使ってブラッシングのポイントを動画にまとめましたので、参考にしてください。https://youtu.be/HsZsDIeVthc

④すすぎ

湯洗いと同様ですが、さらに念入りにシャンプーを落とします。最低でも、3分間はシャワーでお湯をかけて、ブラッシングしながらすすぎます。頭皮の泡のすすぎ残しが一番良くありません。フケなどの原因になるからです。触った感じで泡がないと思っても、すぐにやめないようにしてください。特に毛の生え際は液剤が残りやすいので、注意して洗い流しましょう。

⑤トリートメント

トリートメントを手に取って、毛先から中間、そして地肌を避けつつ根元の順でつけたら、ブラシでよく全体をとかしてトリートメントを行き渡らせてください。最後に手で押し込むイメージでギュッギュッと髪を握るようにします。

また、トリートメントは地肌につけないように注意しましょう。

トリートメントには「シリコン」が配合されていて、髪の表面をコーティングしてツルッとさせる働きがあります。でも、地肌につけば頭皮をコーティングして毛穴をふさぎ、トラブルの引き金になってしまうのです。

特にショートヘアの方は、トリートメントが地肌につきやすいため、市販のものではなく、美容室などで販売されている質の高いものを使用した方が良いでしょう。

もちろん「シリコン＝悪」というわけではありません。シリコンは摩擦を軽減してくれます。ただし、成分がシリコンのみでは、髪の表面がコーティングされただけだということを覚えておいてください。安価なトリートメント剤を使用した髪をかんぴょう巻に例えると、ごはんはスカスカなのに海苔を2枚巻いて太く見せてあるような見掛け倒しの状態なのです。

トリートメントを選ぶ際も、シャンプーと同様にグラム単価8円以上であれば品質を大きく外すことはありません。ただ、成分表示の読み取りはシャンプーよりさらに複雑なので、担当の美容師に選んでもらうのがベストです。

⑥すすぎ

シャンプーのすすぎと同様に、3分間かけてトリートメント剤を流します。

洗い流すタイプのトリートメントは、内部浸透に主眼が置かれているので、表面に残す必要はありません。しっかり落としきるつもりで、3分間お湯をかけながらブラッシングしてください。

ブラシを使った洗髪の手順

①

シャンプー前にブラッシングして
汚れを落としてください。

②

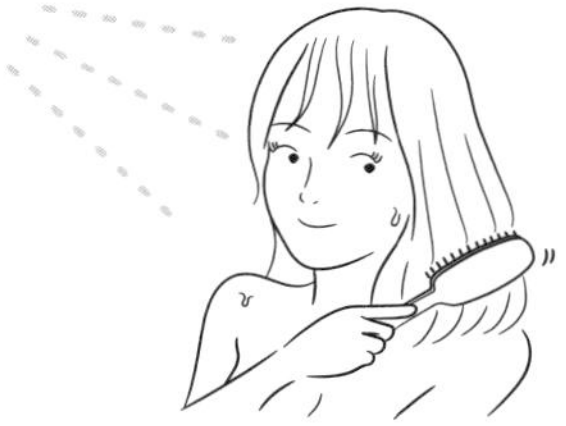

ブラシを使って、
しっかりすすぎ洗いをします。

③

シャンプーをつけたら、
頭皮をマッサージするように、
ブラシでとかします。

④

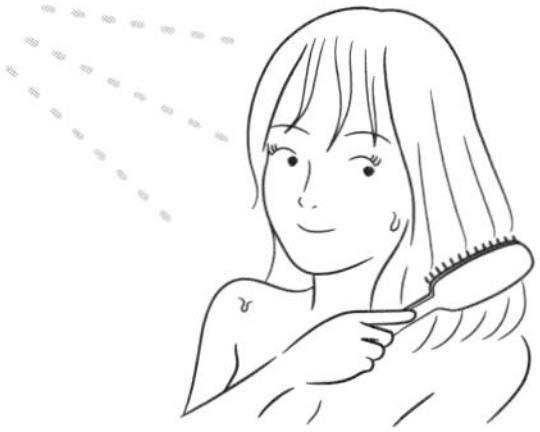

湯洗いと同様にブラシを使って、
3分間すすぎます。

⑤

トリートメントをつけたら、
ブラシでとかします。

⑥

④と同様に、
ブラシを使ってすすぎます。

シャンプー・トリートメントを使うときの注意点

髪を洗う際、シャンプーとトリートメントは、顔や体にできるだけつけないようにしましょう。シャンプーの場合は、泡の状態でも原液のままでも、同様に注意してください。お話したように、市販のシャンプーの多くは洗浄力が強いので、特に敏感な顔の皮膚にとって乾燥などの原因になります。

また、トリートメントに含まれるシリコンは、肌へのなじみが良い性質があります。肩や背中につくと肌に残り、毛穴をふさいで吹き出物などのトラブルを起こすことがあります。

ブラシを使った洗髪は、普段より手順が多くなります。そこで「結構時間がかかりそうだなあ……」と憂鬱になってしまった方に朗報です。

「マイクロバブル」を出すシャワーヘッドを使うと、すすぎ時間を3分の1に短縮できます。1分くらいで済むのです。

マイクロバブルとは、髪の毛の太さの数分の1程度のサイズの「超微細な気泡」のことを言います。この細かな泡が、髪や毛穴の汚れや細菌などを落としてくれます。肌への当たりもソフトなため、肌に負担なく汚れを落とせます。

慌ただしい朝はなかなかじっくりすすぎをする時間も取れないでしょう。やはり夜にゆっくり入浴タイムを取って、洗髪するのがお勧めです。寝る前にお風呂でリラックスすれば、血行が良くなって睡眠の質も上がります。

私はバスルームを「美容のジム」と考えています。

そして、**髪や体のケアは「美容の筋トレ」**です。若いうちから鍛えた「美」は、筋肉と同様に裏切りません。ずっとあなたを支えていきます。

アウトバスを使わない？

「洗い流さないトリートメント」の種類

ところで、アウトバスはちゃんと使っていますか？

「何、それ？」と、ときどきキョトンとされてしまうのですが「アウトバス」を直訳するとお風呂の外のことです。美容界では、お風呂上がりに使うトリートメントを「アウトバス」と呼んでいます。「洗い流さないトリートメント」と言われるものです。

シャンプー、トリートメントの後にアウトバスをつけないと、キューティクルが開いて無防備な髪を傷めることになりかねません。

市販の安価なものでも良いので、摩擦軽減のために必ずつけてください。

アウトバスで代表的なものは、オイル系のものです。天然のアルガンオイル、ホホバオイル、マカダミアナッツオイルなどがあります。全身のケアにも使われますね。天然系のものは肌や頭皮についても害がないところが利点です。

特にホホバオイルは人間の皮脂と分子構造がよく似ているため、生活習慣の乱れなどによる皮脂の不足を補うことができます。皮膚のタンパク質と脂のバランスを整えるのに最適なのです。

ただし、天然系のオイルは、内部に浸透しません。外側のコーティングだけです。

美容室で販売されているような、毛髪内部に浸透する成分をプラスしてあるタイプであれば、内部の補修もしてくれます。化粧品で言うと、美容液のイメージです。

さらに、タンパク質やオイル成分が内部に浸透するように、小さくナノ化されていると効果が上がります。つまり、**化学的に作られたものの方が、内側への浸透力・補修力は高い**ということです。

「オーガニックに勝るものはない」という意見もありますね。でも、何も手を加えていないものがパーフェクトとは限りません。

また、クリームやミルクタイプのアウトバスもあります。

役割はオイルと変わりませんが、クリーム状の方が分子を細かくしやすいので、オイルよりも髪の内側に入りやすいというメリットがあります。

アウトバスの選び方

髪の毛をかんぴょう巻きに例えたとき、基本的にオイルは一番外側の「のり」、クリームは一番内側の「かんぴょう」の部分まで浸透すると考えて良いでしょう。

美容室で販売されている質の高いクリームやオイルをつけた後に、アルガンオイルなどの天然オイルで、一番外側ののりの部分をコーティングする。

この2ステップでケアすることが理想です。

インバスもアウトバスも、トリートメントはプラスのイオンをまとっています。傷んだ髪はマイナスイオンを帯びているので、イオンの力でトリートメントが吸着します。高品質のものになると、その吸着が非常に良くなります。

そうは言っても、サロン専売品のものでも、内部までしっかり浸透するものはごく一部に限られます。質の高い、洗い流さなくても良いトリートメントを作るのはとても難しいのです。

そのため価格が上がってしまいますが、やはり高価なものほど内部に浸透する補修能力が高いことは確かです。

そして、残念ながら、市販のアウトバスの成分はほぼシリコンです。外側をコーティングして摩擦から守り、ツヤっぽく見せるだけ。メイクで言えば、スキンケアというよりファンデーションです。たくさんつけても「厚化粧」になっている状態で、ケア効果が高まっているわけではありません。

洗って、ケアして、メイクする。肌も髪も考え方は同じです。

ドライヤーを使わず自然乾燥？

「すぐに」「必ず」ドライヤーで乾かすのが正解

ドライヤーを使わない派の方たちは、髪のダメージを防ぐためにその方が良いと信じているようです。半分正しいのですが、熱以外の要因でダメージを招いてしまうので、ベストな選択とは言えません。

「メンドクサイ」だけなら、今日からドライヤーで乾かすクセをつけましょう！

そうしないとどんなことが起こるか、ちょっと怖い話をさせてください。

最大の理由として、頭皮に雑菌が繁殖する恐れがあります。生乾きの髪で過ごすことは、頭で雑菌を育てているようなものなのです。

さらに、シャンプーの界面活性剤が頭皮に少しでも残っている場合、人間の体温と水という環境が揃うと、雑菌繁殖の温床になってしまいます。特に、アミノ酸系の界面活性剤は雑菌の恰好のエサになるので注意が必要です。

また「まさか自然乾燥なんてしているわけないでしょ」という人にお聞きします。洗髪後、タオルなどを巻いてのんびりしていないでしょうか？

これもあまりお勧めできません。**「すぐに」「必ず」乾かすことが正解です**。

髪が濡れていると、キューティクルは開きます。開いたところから水分や栄養分を逃しやすい状態になるので、放置すれば必要以上に蒸発して乾燥してしまいます。

また、強度が弱く、傷つきやすい状態でもあります。そのまま体を横にするなどして髪同士がこすれたりからみあったりすると、枝毛になってしまうこともありえます。

次のポイントを押さえながら、布団に入る前に髪を乾かしましょう。

①タオルドライ

シャンプーと同様に指の腹を使って、髪の根元にタオルを当てて水分を除きましょう。根元から毛先の順でふいていきます。そして、アウトバス用のブラシで毛先から根元まで優しくとかします。このとき、ブラシを地面に対して垂直になるように持ち、上下に動かしてとかすと絡まりにくくなります。

その後、もう一度水分をタオルに染み込ませるように優しくふき上げます。髪の毛をできるだけこすらないように気をつけてください。

②ドライヤーで乾かす

乾かす前に、アウトバスをつけてブラッシングしましょう。ブラシでアウトバスをなじませながら、マッサージしてください。ブラシを地面と水平になるように寝かせて持つと動かしやすいでしょう。

それから、ドライヤーで乾かします。ドライヤーを髪から20㎝ほど離して風を当てると、熱によるダメージは最小限で済みます。熱のダメージを完全になくしたい場合は、温風でなく送風（冷風モード）にすると良いでしょう。

まずは根元を中心に「熱い」と感じない距離で、風を当ててしっかり乾かします。7割方乾いてきた頃から、ドライヤーの風はキューティクルの向きに逆らわないように、根元から毛先に向かう方向を意識してください。8割くらいほぼ乾いてきたら、ブラッシングしながら風を当てるようにしましょう。キューティクルが揃ってツヤが出ます。

ドライヤーとブラシが一体化した「くるくるドライヤー」は、髪が濡れているうちに使うのは厳禁です。ブラシに熱源が近いため、かなり高温の風が直接髪に当たって水分が一気に蒸発し、タンパク質を破壊してしまいます。ヘアアイロンやコテも同様です。実際くるくるドライヤーがダメージの原因である方はかなりいらっしゃいます。

一般的なドライヤーの温度は、80~100℃くらいと言われています。ちなみに、タンパク変性は約60℃以上で始まるそうです。

多くのドライヤーの基本構造は、鉄の棒とプロペラです。熱された鉄の棒にプロペラが起こした風が当たり、温風が出る仕組みになっています。

あまり知られていませんが、経年劣化でこの鉄の棒の温度は徐々に上がります。すると、ドライヤーから出る風はどんどん熱くなります。**知らないうちにかなりの熱風を当てている恐れもあるので、ドライヤーは3年程度で買い替えると良い**でしょう。

③ドライヤーの冷風を当てる

全体が乾いたら、最後に冷風を当てます。

卵焼きは出来立てのときアツアツプルプルでも、冷めると少し固くなりますよね。タンパク質でできている毛髪のキューティクルにも同じことが言えます。キューティクルを冷ましてキュッと固く締めることで、浸透したトリートメントの成分を中に閉じ込めます。

最後に仕上げとして、毛先にだけアウトバスをつけてください。熱風による痛みや就寝中の枕との摩擦を軽減できるでしょう。

髪を乾かすときのブラッシングのポイントも、お勧めのブラシを使って動画にまとめましたので、参考にしてみてください。https://youtu.be/68V5_8FcyZc

ドライヤーの熱は、基本的に毛髪に害を与えますが、髪に良い効果をもたらす機能を搭載したドライヤーなら、乾かしながらケアすることができます。

一番のお勧めは、遠赤外線のテラヘルツ波（育成光線）を出すタイプです。髪の毛

counseling 3
普段どんなヘアケアをしていますか？

髪を乾かすときの手順

①

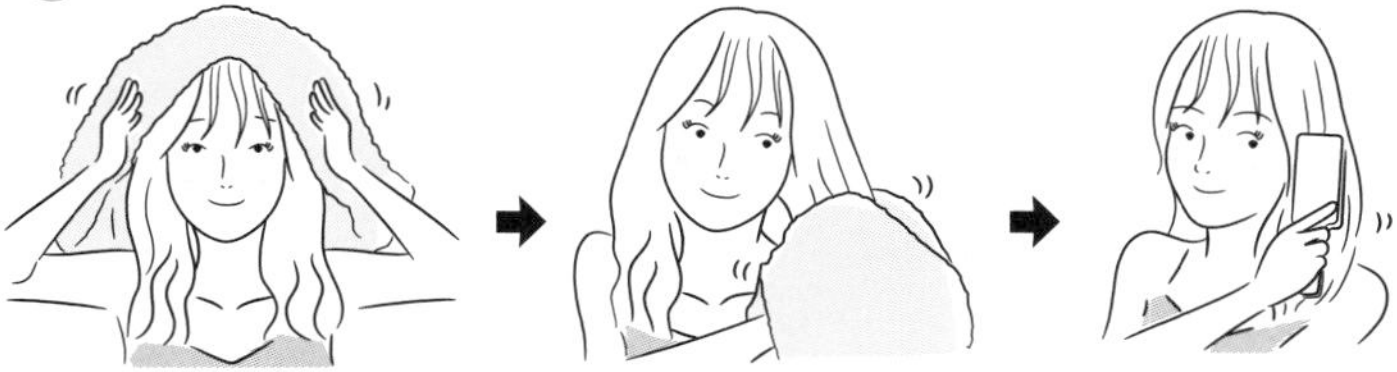

根元をふく

毛先をふく

ブラシをしたら、
優しくふき取る

②

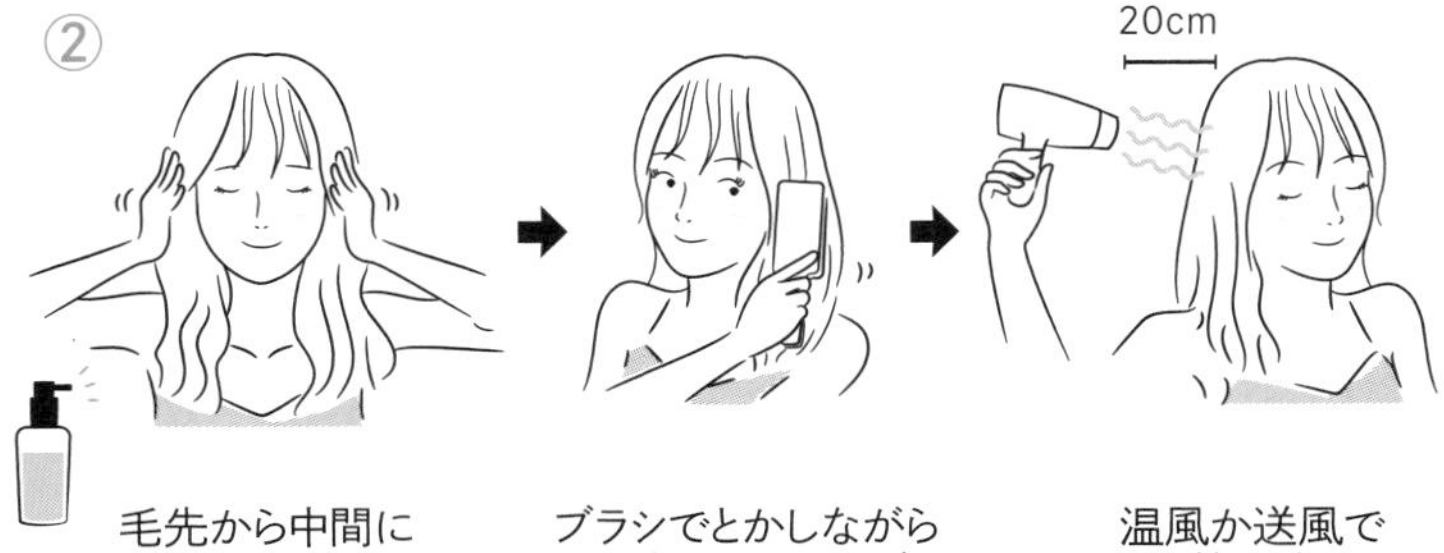

毛先から中間に
アウトバスをつける

ブラシでとかしながら
頭皮をマッサージ

温風か送風で
乾かす

③

冷風をあてる

毛先にアウトバスをつける

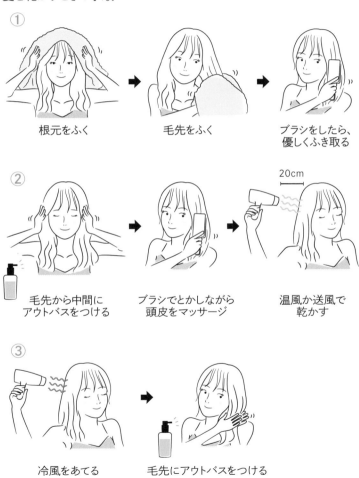

と頭皮の細胞を活性化する効果があります。また「ナノイオン」の効果をうたう製品は、開いたキューティクルからイオンがトリートメントの栄養を内部に届けます。

ドライヤーで髪を乾かす意義は、思っている以上に深いのです。

スタイリング剤は好みと環境で選ぶ

ドライ後のスタイリング剤は、本当に好きなものを使えば良いというのが、美容師の私の意見です。スタイリング剤は一番外側をコーティングするものなので、髪の内部の状態にはあまり影響がないからです。

ウエットにしたいかマットにしたいか、ハードでカッチリまとめておきたいか、ソフトでフワッとさせておきたいか……など、お好みの仕上がりで選んでください。

一つアドバイスするなら、「環境」も条件に加えておくと良いと思います。

外回りの多いお仕事で、太陽に当たって風にも吹かれるなら、キープ力のあるハード系が向いているでしょう。逆に内勤が多いお仕事なら、ハード系でベタつくと気持ちが悪いでしょうから、ソフト系が合っているかもしれません。
また、女性には香りも大切でしょう。スタイリング剤の香りは、あなたの印象にもつながります。自分の気分が上がり、周りにも好印象を与えるお気に入りの香りをまとってください。

「どこで、どうありたいか」で、ベストなものを選んでくださいね。

繰り返しになりますが、髪をコーティングする作用のあるものが頭皮につくと毛穴をふさいでしまいます。
また、スタイリング剤が髪に残ったまま寝てしまうと、頭皮までついてしまいます。頭皮につけないようにして、寝る前に洗い流しましょう。その意味でも夜の洗髪をお勧めしています。

ホームカラーを使う？

ホームカラーと美容室のカラーの違い

最近は市販のカラー剤もバリエーションが増えて、使い勝手も便利に考えられたものがたくさん開発されています。白髪染めもファッションカラーもとても進化して、自宅で手軽にできるようになりました。

でも、ホームカラーと美容室のカラーは、施術後のダメージが決定的に違います。何人かのお客様のエピソードをお伝えしてきましたが、ホームカラーではかなりのダメージが残ってしまいます。

「お金も時間もかかるし……」と思うかもしれませんが、できるだけ美容室で染めて

もらいたいというのが美容師としての本音です。

カラーのための薬剤は、酸化剤とアルカリ剤を混ぜて作ります。この酸性とアルカリ性がぶつかることで脱色が行われ、加色が始まる仕組みなのです。これを「酸化重合」と言います。

酸化剤の酸度の上限は、6％と決められています。アルカリ剤のアルカリ度にも上限値がありますが、酸化剤より幅があります。

ほとんどの美容室では、染める部分によって、上限内で酸化剤の酸度を変えています。染めてから数カ月経ち、黒い毛が伸びてきた根元には6％、まだカラーが残っている毛先には3％というように調整します。

でも、ホームカラーは、購入した人の塗布スキルや髪の質・状態によって仕上がりが左右されないようにする必要があります。そのため、酸度は6％のものが多く、アルカリ度も規定内であっても美容室のものより少し高い傾向があるように思います。

傷みやすい毛先に使用すると、ダメージが大きくなってしまうのです。

前述したように、特別な施術を行えば、髪をアルカリ度の高い状態から本来の弱酸性に戻して活性酸素によるダメージを取り除くことができます。自宅ではそれができないので、アルカリ度が残りやすいのです。プロがシャンプーして薬剤をよく落とせば、ダメージを極力減らすことができますが、セルフシャンプーでは洗浄が足りないことも想定されます。

生えてきたばかりの髪が根元でダメージを受けると、その部分が伸びて毛先になる頃にはボロボロになってしまいます。ハイトーンカラーは特に危険です。

「時短」を手放すと、髪も心も落ち着く

以前「髪が切れてしまってどうにもならない」と、お客様が飛び込みでいらしたことがありました。美容室に行く時間をかけずに手早く染めたいからと、ピンクやグリーン、ブルーなど、いろんなセルフカラーを繰り返していたそうです。

すると、背中の真ん中くらいまで伸ばしていた髪が途中でちぎれるようになってしまい、やむなくショートスタイルに変えることにしたと言います。

生えたときから傷ついた髪の毛が何度も傷めつけられれば、伸びる前に切れてしま

います。カラーを続けていたその方の髪の毛は、あちこち切れて短い毛がツンツンと飛び出してしまっていました。

こうなってしまったら、長期戦です。良質なシャンプーやトリートメントで傷んだ部分を補修しながら、生活習慣を改善して生えてくる髪を健康に育て、伸びてきたらダメージ部分をカットして微調整……を繰り返します。

手早さを求めてホームカラーを選んでいた彼女も、時短を最優先するのをやめたら、心も少し落ち着いたようです。これ以上髪に負担をかけないために、一度地毛に近い色に戻したら「ファンキーな子」の印象が「清楚な女性」になりました。

今では、内面も外見も地に足のついた雰囲気に変わっています。

「いつも白髪のない髪で」「かわいい色をいろいろ試したい」という、キレイへのモチベーションを私は応援します。

でも、ダメージがキレイになりたい気持ちを上回って「お先真っ黒……」になってしまう前に、美容師に意見を聞いてバランスを取ってくださいね。

counseling 4

カウンセリング 4

仕上がりのご希望は？

ピンチをチャンスに変える「ストーリー」を作ろう

ディズニーは映画の脚本を作るとき、まず何からスタートするか知っていますか？答えは「主人公のピンチ」を決めることだそうです。

例えば『シンデレラ』を思い出してください。親を失ったシンデレラは、継母や義理の姉妹に意地悪されてつらい毎日を過ごしています。そんな中、舞踏会の知らせが届きました。早速ドレスを用意しますが、意地悪な継母たちに台無しにされてしまいます。

これは大ピンチです！

すると魔女が現れ、ドレスや馬車、ガラスの靴を出してくれます。そして、みなさんご存じの通り、シンデレラは舞踏会に行き、その美貌で王子の心を射止めるのです。シンデレラがどんな苦境「ピンチ」に立って、どんなふうに乗り越えるのか、そしてどのような「ハッピーエンド」を迎えるのか。そのピンチを乗り越えていく「ドラマ」に多くの人が心をつかまれるわけです。

髪や美容についても同じです。

「プレゼン前に、まとまらない癖毛をきちんとしろと言われた……どうしたら!?」

「白髪が多くて、何だかおばあさんみたい。助けて！」

理想の自分と違う……でも、そんな「ピンチ」をどうにかしようと努力して、乗り越えた先には、単純に悩みを克服する以上の幸せが待っています。

困ったことにぶつかったら、より良い未来を迎えるためのチャンスです。


お客様から発信される「ＳＯＳ」は、コンプレックスにまつわるものが多いように思います。けれど、コンプレックスは全部個性です。

美容師は髪の視覚的効果をうまく使って、コンプレックスを目立たなくする知恵やテクニックをお伝えすることができます。

でも「コンプレックスは自分らしさのシンボル」と考え方を変えて隠さずに生かせば、オリジナリティのある魅力的なルックスにもつながります。

あなたのピンチをどんなストーリーで乗り越えるのか、一緒に考えてみましょう。

白髪が気にならないようにしたい

白髪の原因とは

お客様から出されるＳＯＳのダントツのナンバーワンは、白髪です。

白髪とは、通常あるはずの「メラニン色素」がない毛髪のことです。

２章で、髪が黒く見えるのはイカスミごはんの色が透けて見えている状態と言いました。このイカスミにあたるものがメラニン色素です。

髪が作られる過程で、メラニン色素を作る細胞から髪を作り出す細胞へ、メラニン色素が渡され、ごはんの部分に黒い色がつきます。でも、年齢を重ねると、さまざまな原因でメラニン色素がうまく渡されなくなります。つまり、イカスミごはんが白いごはんのままのような状態なのです。

その原因は、主に加齢、遺伝、ストレスの3つです。

原因によって白髪が出る場所も変わるようで、顔周りの白髪は遺伝、頭頂部周辺は自律神経の乱れや活性酸素、後頭部は精神的なストレスによる影響が大きいとも言われます。

つまり、生活習慣を見直しストレスをなくすことで、白髪が減る可能性もあるということです。

「年齢のせい」と諦めてしまうのは、早いかもしれません。

「アンティークの額縁」にもなる

ここ数年、白髪を染めず地毛のままでいる「グレイヘア」を選ぶ方も増えてきました。

ただその場合、こまめにカットをしたりダメージをケアしたり、細心の注意を払ってキレイにしておくことをお勧めします。そうしないと、年齢以上に老けたり「身なりにかまっていない人」に見えたりしてしまう恐れがあるからです。

でも「自然体で生きよう」と、グレイヘアにしている女性たちには、独特の美しさがあります。白髪を気にしない「あり方」も、ポジティブな生き方の一つです。

ただ「人生100年」と言われる今、白髪が増え始める年頃になっても、まだまだ「若い」！　加齢の象徴である白髪を受け入れられないと感じるのは当然でしょう。

では、白髪を「気にならなくする」ためには、染めるしかないのでしょうか。

実はそれ以外にも方法があります。

1章で「髪は絵画の額縁」とお伝えしましたね。ここでも、白髪が目立ってきた髪を額縁に例えてみましょう。

年齢を重ね白髪が出てもケアが足りていない髪は、ところどころ塗りがはがれてツヤもなくなった、古びた額縁のように見えてしまいます。これでは、額に入れられた絵の良さ、つまり、あなた自身の魅力を伝えることは難しいでしょう。

そこで、**白髪全体を黒く染めるという対策は、額縁の色を塗り直してニスでピカピカにツヤを出し、新品のように見せようとするのと似ています**。メンテナンスするたびにきれいな状態に戻すことができますが、時が経つにつれて、現状を維持するには頻繁に手入れが必要になるでしょう。

さらに、絵の方も少しずつ変化していくはずです。「絵は古いのに額縁だけピカピカ」では、見る人に違和感を抱かせてしまいます。

また、「アンティーク」という考え方もあります。古くなった部分を「味」として楽しむのです。

ニスがはがれたところに少し手を加えて、全体的にマットな仕上げに変える。色が落ちたら、部分的に別の色を入れる。質感を変えたり、色の組み合わせでおしゃれに見せたり、変化を生かすのも素敵でしょう。

同じように、白髪も単純に塗りつぶすのではなく、違う形でカラーを入れて生かす方法があります。私はこの考え方が好きで、いろんなお客様にご提案してきました。

あるお客様は、青みと紫が薄く入ったシルバーになさいました。

当初は普通に白髪染めをしていたのですが、全体的に白髪が多い方だったので、あるとき黒染めをやめるご提案をしてみました。

「シルバーにしたら全く解決になっていないのでは？」と思われるかもしれません。

でも、これは逆転の発想なのです。

実は、黒髪ではなかなかキレイなシルバーに染まりません。**白髪だからこそ出せる色もあります**。まさに「ピンチはチャンス」ですね。

また、カラーは時間とともに退色してしまいます。でも、もとが白髪なら落ちてきたときの色もキレイになります。時間とともに色の変化を楽しめるのも、白髪にしかない良いところでしょう。

このお客様は仕上がりにとても喜んで帰られました。

青みシルバーの髪色は周りの方からの評判もとても良かったそうです。それ以来、暗い色ではなく、白髪を生かして発色できるカラーに挑戦を続けられています。

人が老いていくのは自然なことです。決して悪いことではありません。この方のように、**エイジングによる変化を楽しんでいると、周りの女性からの目も変わります**。「あの人、いつも輝いている」と、同世代から注目の的になるでしょう。

すると、自己肯定感も上がります。そんな女性たちの姿、素敵な笑顔を見ているから「白髪を隠すより、生かす方が良いのでは？」とお勧めしたくなります。

「ハイライト」が人生の道を照らす

1筋のメッシュから白髪のコンプレックスを克服した方もいらっしゃいました。「メッシュ」とは、部分的に色を変える手法です。メインの髪色よりも少し明るめの色を細かく筋状に全体的に入れるものを「ハイライト」と言います。

お仕事でもご趣味でもアクティブなお客様が、あるとき強めのパーマヘアからストレートへ変えることを決めました。私はそれを聞いて、いつものように黒染めで仕上げてしまうと、その方には大人しすぎてしっくりこないのではないかと思いました。そこで頭に浮かんだのは、その方がいつも身に着けていた原色のバッグなど、個性の強いポイントアイテムでした。直感的に「きっとお好きに違いない」と、赤のメッシュをご提案しました。

狙いは的中！　新しいスタイルはとても気に入ってもらえました。それからは、ファッションもヘアに引っ張られるように個性的に変わっていきました。行きつけのお店の方には「お洋服を提案しやすくなった」と褒められたそうです。どんどんおしゃれになっていくお客様は、いつもウキウキ楽しそう。ご趣味のバイクにも力が入って、以前よりも遠出するようになったと言います。

その後、もっと積極的になって、メッシュは1筋だけでなく全体に増えていきました。白い部分も半分くらい見えている状態ですが、メッシュとのバランスで白髪が悪目立ちせずなじんでいます。「赤メッシュプロジェクト」大成功です！

美容師はあなたが輝くためのヒントを探している

ご紹介した二人のお客様は、よくご来店されている方々です。私がお二人の好みや性格もよく知っていたので、本人に合わせた提案ができて喜んでもらえたのだと思います。

もし、初めてもしくはまだ数回しか通っていない美容室に行くときは、一番お気に入りの靴を履いていくと良いでしょう。

私は普段、お客様の靴をよく見ています。施術のときはクロスをかけて服が隠れるので、自然と靴に目がいくのです。

靴からは、その人自身が見えてきます。泥がついてかなり履き込んだスニーカーなら「お子さんがいらっしゃるのかな？」「アウトドアが趣味なのかな？」と思います。新品のスニーカーなら、今どきのファッションが好きなのかもしれません。ピンヒールのブランドものなら、暮らしぶりがとても豊かなのでしょう。

その他、爪からもいろいろ感じ取れることがあります。完璧なネイルアートをしているのか、カジュアルなセルフネイルか、短く切り揃えられた素の爪なのか……。

「美は細部に宿る」とよく言いますが、人の場合、髪や爪、靴などの先端に美意識は表れます。

このように、ファッションのお好みやライフスタイルのヒントを美容師に与えてあげるほど、あなたに合った提案をもらいやすくなると思います。

白髪を黒く染めても白を生かして染めても、仕上がったとき、みなさん本当にキレイになります。ピンチを乗り越え、キレイになった自分の姿を見たときの笑顔は最高です。だから、どちらが良いではなく、どちらも良いのです。

ただ、白髪をコンプレックスに感じていた方が、白髪を生かして「白くなった髪も悪くないな」と心が変化するとき、雰囲気が変わるのを感じます。どんよりとしていた心が軽くなって、性格がより明るくなったように見えます。

「ハイライト」には「光が差す」という意味があります。その言葉通り、**髪にハイライトを入れたら、お顔も明るく元気に輝き出す方がたくさんいます**。

一筋の明るい髪が、人生に差す一筋の光になることもあるのです。

広がりを何とかしたい

癖毛を味方にすれば、ノーダメージのパーマに

「癖毛がうねったりふくらんだりして、思ったようにスタイルが決まらない！」と、長年お困りの方も本当にたくさんいらっしゃいます。そんなあなたをお助けするために、私が伝えたい言葉があります。

「ぜひ、その素敵な癖が生きるヘアスタイルにしましょう」

癖毛にはいくつかタイプがあります。

波打つようにうねるタイプを、文字通り「波状毛《はじょうもう》」と言います。波の形はさまざまです。長い波形でウェーブがゆるやかだったり、短い波形でウェーブがきつかったり。

波形が極端に短いと「縮毛《しゅくもう》」に分類されます。ばねのようにねじれている「捻転毛《ねんてんもう》」や、日本人には少ない「連珠毛《れんじゅもう》」という、毛に玉が連なったような凸凹があるタイプの癖毛もあります。

私の一言で、癖毛のスタイリングを「任せてみようと思った」と言ってくださったお客様がいます。

お会いしたとき「その髪の癖、素敵ですね。その癖が生きるヘアスタイルにしましょう」と声をかけました。そして「広がってしまう」とお悩みの髪を「パーマをかけていると言わせます」と宣言したのです。

「天然パーマ（天パ）」と言うと、からかっているように聞こえるかもしれません。でも、生まれつき（天然の）カール感を持っているなんて、本当はすごくラッキーなのです。ケミカルダメージなくパーマをかけたようになれるのですから。これを生かさない手はありません。

そのお客様の髪はウェーブがきつめの波状毛でした。昔は天然パーマと言われていたのが、施術後は本当に周りから「パーマかけた？」と聞かれたそうです。

解決法はいたってシンプル。ボリュームが出てほしくないところはカットでしっかり毛量を落とし、必要な部分だけを残したのです。

髪全体が広がってしまう場合は、ストレートパーマをかけてボリュームを落とすこともあります。逆に、手に負えないウェービーな癖毛をコントロールするために、パーマをかけることもあります。

でも、そのお客様の場合は、癖を生かしたカットで対応しました。シルエットにメリハリをつけるために毛先の部分は切りすぎず、反対に顔周りや頭が横に出っ張っているハチ周り、ぼんのくぼの辺りなど、毛量が多いところの根本から中間の毛量を削いで小さくしました。

すると、その方の髪がもともと持っていたボリュームが生きて、パーマをかけたように仕上がりました。

一部を削れば、その対比で残した部分が大きく見えます。パーマでボリュームをプラスするのとは反対の「引き算」の考え方です。

カットだけでパーマをかけたようにスタイリッシュに仕上がり、お客様は「初めて、自分の髪でイイじゃんと思えました」と言ってくれました。

ヘアスタイルの体型補正マジック

癖毛で広がってしまうデメリットとして、頭が大きく見えることも挙げられます。

これまで集合写真を見て「私って顔が大きいな……」とひそかに悲しく感じていたとしても、それは髪の毛のせいだったのかもしれません。

先ほどの方も、後ろから見ると、頭が縦長の長方形のようになっていました。頭が四角く、ドーンと大きい印象になっていたのです。カット後は角が取れて身長と肩幅のバランスが整い、小顔（小頭）でスタイルが良く見えるようになりました。


視覚的に「頭（髪）＝顔の大きさ」になります。

そのため、本当は小顔でも、頭（髪）のボリュームがあると、顔が大きく見えてし

髪でスタイルが変わる！

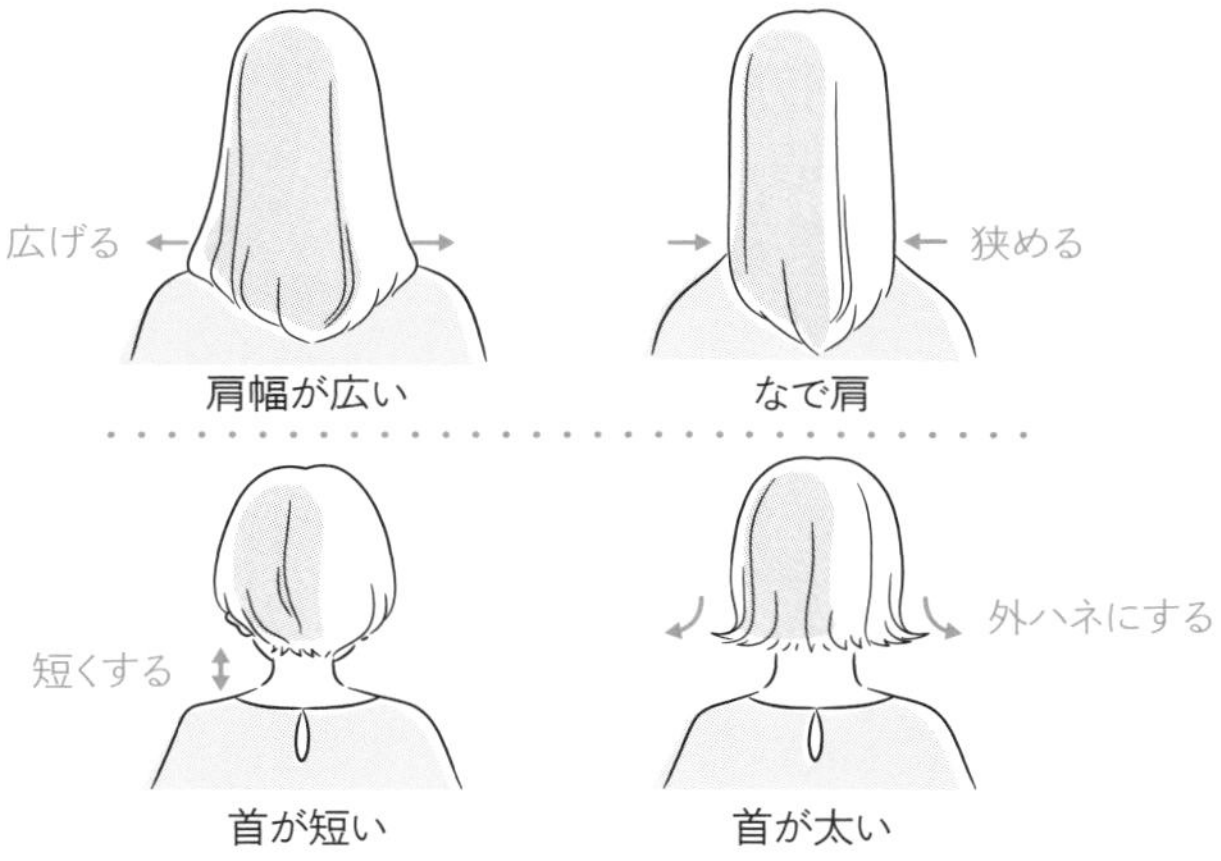

まうのです。一緒に目に入るものとの対比によって、印象が決まります。

つまり、**髪を変えることで、肩や首周りのスタイルを良く見せることができます。**

後ろ姿を見て、肩幅に対する髪の量を調整すれば良いのです。

肩幅が広い人は、肩にかかる髪の幅を横に広げれば目立たなくなります。なで肩の人は、肩にかかる髪を船底型にして幅を小さくすると、肩幅が広く見えます。

首をほっそり長く見せるテクニックもあります。

「首が短くてタートルが似合わない」と思うなら、髪を短めに切り、あえて首を見せた方が長く見えます。首が太いと感じているなら、首周りの毛量を少し落として毛先を外ハネのように仕上げれば、首周りに「くびれ」ができて首が細く見えます。

ヘアスタイリングは、全身のバランスや体型を補正する力まで持っているのです。

やせ見えしたい

前髪で即席ダイエット

丸い頬を気にして「やせたい」「やせて見えるようにしてほしい」と言う方もたくさんいらっしゃいます。「ダイエットも頑張るけど、今すぐに何とかしたい！」という場合に、美容師がお手伝いできることがいくつかあります。

まず、前髪に抜け感を出す「シースルーバング」です。

ぽっちゃりした顔に前髪で丸いフェイスラインを作ると、より丸さが目立ってしまいます。また、直線的な分厚い前髪では、おでこの横のラインが強調されます。

この場合、縦長に見せる必要があります。

そこで、おでこの肌を少し見せると、縦長のラインを作ることができます。

もう一つは「命毛（いのげ）」と呼ばれる、顔周りに小さく下ろすおくれ毛です。頬の幅を削る視覚的効果があるので、顔がスッキリして見えます。幅や長さの微妙な違いで数キロやせて見えるため、生命線という意味で「命毛」というわけです。

命毛があると「ぽっちゃりに見えない」と安心感を得られることもあるようです。本人が精神的に落ち着いて、毎日を楽しく過ごせるのであれば、一時的な解決策も大切なことだと思います。

私は個人的に、命毛は「やせ見え」以上に、フェミニンさをプラスできる効果の方が大きいように感じています。少しおくれ毛を残すことで、場を和ませるような優しい雰囲気が出るように思います。

でも、たくさん残すと顔が隠れすぎて、やせて見えるというよりミステリアスな印象になってしまいます。あなたに合ったおくれ毛を美容師と探してみてくださいね。

丸い頬を出せば「ハッピー見え」

女性はとにかく「やせたい！」という願望が強いように思います。
でも、先に考えてほしいのは「やせた先に何があるのか」ということです。目標を達成するには目的をハッキリさせることが大切なのです。

あなたにとってやせることは何を意味するのでしょう？

モテるため、動きやすくなるため、着たい服を着るためなどなど。「太ってしまった自分の姿が許せない」というのも、立派な理由だと思います。もう一度自分を好きになろうとして、ちょっと負荷をかけてやせた結果、肯定的になれるなら良いことでしょう。

でも、特に目的が見つからないなら、今のあなたにとって、やせることはそれほど意味を持たないのかもしれません。やせてもワクワクしないのではないでしょうか。

逆に、非常にスリムな方は「貧相」「不健康そう」といった印象を与えることを気にしています。ヘルシーで明るく見せたいと願っている方も多いのです。

その場合は、顔周りに丸みを持たせたスタイルをお勧めしています。

「丸くてかわいいほっぺたに憧れる」。そんなスリムさんたちと接すると、ぽっちゃりほっぺも素敵な魅力だと思います。

最近、命毛はトレンドになっています。でも、流行に合わせず、命毛をなくして顔をスッキリ出したご自分を思い浮かべてみてください。

どう感じますか？　命毛が持つ奥ゆかしさとは逆に、元気で自信にあふれたあなたがいるのではないでしょうか。

元気でふくふくしたかわいらしさやハッピー感といった、あなたの持ち味を生かすこともできるのです。

そうすれば「やせ見え」を選んだときとは違った物語が始まるでしょう。

顔のラインや頭の形を隠したい

隠したい特徴を言い換えてみる

顔の輪郭に自信がなくて「隠してほしい」というご要望もかなりよく聞かれます。みなさん「欠点だから隠さなくちゃ！」という強い想いにかられているようです。そのためか、前髪の幅を広げることを嫌がる方がたくさんいらっしゃいます。顔にかかる髪を残して「少しでも顔を隠したい」という気持ちの表れでしょう。

でも、**両頬が隠れているほど、そこに「何か」があるのではないかと相手に思わせてしまいます**。「頬がぽっちゃりしているんじゃないか」「頬骨が出ていたり、エラが張っていたりするんじゃないか」「それとももっと何かすごい秘密がある？」などなど。

気になる顔のパーツを目立たなくするヘアスタイル

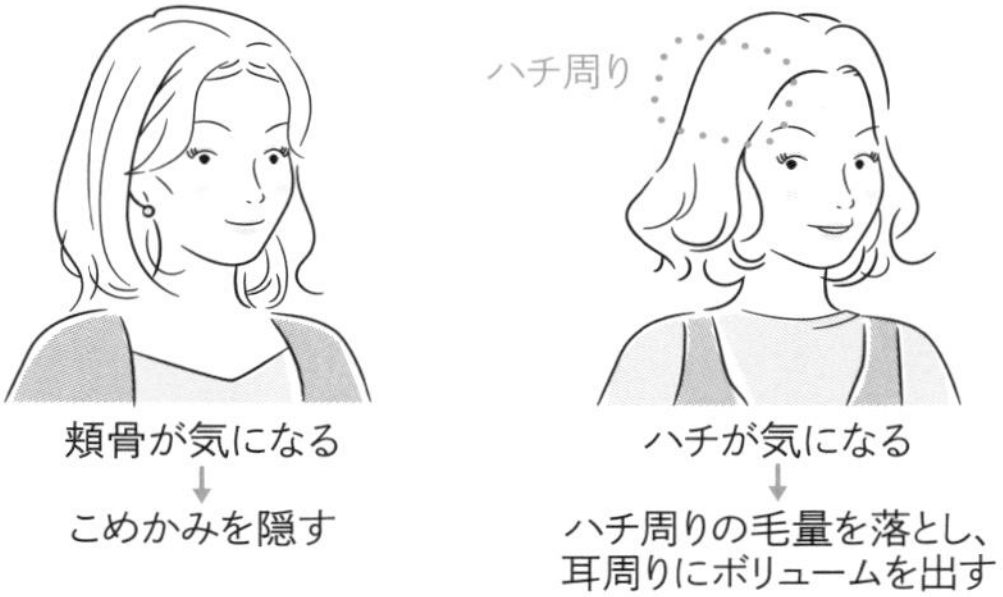

大げさに言えば、自分を偽っている雰囲気を醸し出してしまうのです。

お勧めの解決策は「出すところと隠すところのメリハリ」をつけること。隠したい部分はあえて出し、別のところを隠して「閉じる」部分を作ると、気になる部分が目立たなくなる場合もよくあります。

例えば、高い頬骨が気になる場合、頬骨そのものは隠しません。

頬骨が高いと笑顔が立体的になり、人を惹きつけます。

頬骨より引っ込んでいるこめかみ辺りに髪を持ってきて、閉じるようにすれば「でっぱり感」は目立たなくなります。へこんでいるところを隠すと、出ている部分は気にならなくなります。

また、頭の形を気にされている方もかなりいらっしゃいます。

日本人の頭蓋骨の特徴として「ハチ（頭頂から耳までの間で最も出っ張っているところ）」が張って後頭部が平坦な「絶壁」があります。西洋人は顔幅が狭く、後頭部が出ています。それに対し、東洋人の頭の形は顔幅が広く、後頭部が出ていません。

この場合は「ハチ周り」の毛量を落として、頭の横幅を狭く見せます。横幅よりも奥行きがあるように感じさせるのです。足りない部分にボリュームを出すのでなく、ない方が良い部分を落とす。これも「引き算の法則」です。

輪郭の中で欠点だと思っているところは、長所を見つけながらポジティブに言い換えてみましょう。視覚的効果で骨格を補正するヒントが見つかります。

ネガティブな点を隠すのではなく、ポジティブな点を強調すれば良いのです。

コンプレックスをあえて強調すれば「超個性的」に

気になる部分をあえて前面に押し出して、自分だけのスタイルを作ることもできます。

マッシュルームのようなヘアスタイルにしている芸能人は、エラが張っている方が多いと思いませんか。

このカットは、横から見たときに、襟足から前髪に向かうほど短くなっていく、つまり毛先で作るラインが下から上へ上がっていく「前上がり」スタイルです。

エラの部分が完全に出ますね。さらに、わざと前髪も分厚くして顔のベース型を強調するラインを作り、強烈な印象を残している人もいます。

アーティストの方にも多い超個性的なカットですが、一般の方も少し工夫すると取り入れることができます。顔周りに少し毛を残し、あごのラインに沿って「前下がり」の部分を作ると、おしゃれ感のあるマッシュルームカットになります。キレイなあごのラインを生かせるスタイルです。

前述のように、エラの張っている人が「前上がり」のスタイルにすると、エラのラインが強調されて超個性的になります。

コンプレックスになり得る部分は、誰にもマネできない個性なのです。それを武器と考え、オープンにすることで「自分らしくいられる」という方もいらっしゃいます。

顔が細い方も「ふっくら優しく見せなくてはならない」ということはありません。直線的なラインの前下がりスタイルを作って、もっと尖ってクールな印象に見せても良いわけです。そうすれば「すごく芯のある人」というブランディングを高めるツールにもできます。

コンプレックスをマイルドに調和させるのも一つのストーリー、武器として使って、攻めていくのもまた新しいストーリーです。

個性を生かすヘアスタイル

「メガネっ子」を脱却したい

メガネも「額縁」の一部

私もメガネをかけていますが、メガネって少しだけ「モテ要素」が減ってしまうイメージがあります。マンガではよく、ちょっと冴えないキャラクターに分厚いメガネをかけさせて「メガネっ子」にしていますよね。

決してネガティブなものではありませんが、目は一番表情が出るところです。メガネはそこにフィルターをかけてしまうため、少し損をしている感は否めません。

でも、**メガネには、知的に見えるという大きなアドバンテージがあります。**

さらに、オーソドックスなメガネでキレ者に、丸メガネでファニーに見せる、変わったデザインで斬新なムードをまとうなどの「演出」にも使えます。

最近は視力が悪くなくても、おしゃれ小物としてメガネをかける人も増えてきました。

また、メガネには「メガネをかけている人」として、すぐ覚えてもらえるメリットもあります。

ただ、メガネしか印象に残らないのは少し残念です。絵画で言えば、額縁ばかりが目立って、絵を見てもらえないのでは本末転倒でしょう。絵であるあなた自身の印象を残るようにしたいものです。

度の強いメガネをかけている方は特に、前髪や顔周りをすっきりさせることをお勧めします。そうすると、メガネで隠れていた本来の魅力が出てきます。

以前、メガネの販売をされている方が、ご紹介でお店に来てくださったことがありました。その方の顧客様が私のお店にも来ていたのです。

「いつも来てくれる方のヘアスタイルが素敵だったから、お店と担当者を教えてもらって来ました」と、私を指名してくれました。

私が顧客様に伝えた「今かけているメガネが生きるスタイルにしましょう」という言葉を聞いて、ピンときたのだそうです。

数日前に来られたその顧客様は、セミロングのボブスタイルでした。横幅が小さい前髪にメガネが乗っていて、ボテッとした重い印象を受けました。

そこで思い切って前髪の幅を広げ、サイドも耳にかけられるようにして、スッキリしたショートボブに変えたのです。メガネをハッキリ見せたことで、知的でスマートな雰囲気になりました。ご本人も満足なさって、メガネ店で話してくださったようです。

「着替えメガネ」の強み

そのお客様のご紹介でいらしたメガネ店の方も、初めは顧客様のショートボブがキレイだったので同じようにしたいというオーダーでした。

肩より長いスタイルで、少し癖があり量も多く、ふくらんでしまうのもお悩みとの

メガネに合うヘアスタイル

ことでした。だから、バッサリ切ってしまおうかと考えていたそうです。

でも、私は持参してくださった3つのメガネコレクションを見て、違うご提案をすることにしました。メガネには三種三様の全く違う持ち味があって、それぞれに合う演出が思い浮かんだからです。

ウェーブのかかった髪をダウンスタイルにして、オーソドックスな黒ぶちメガネをかけて知的に。無造作な束ね髪におしゃれメガネで、アーティスティックに。技を効かせたアレンジヘアに丸メガネで、ユニークな感じに……。**メガネによってさまざまな変化を楽しめることが、強みになる**と思いました。

そこで、ご提案したのは、結べる長さを残したパーマスタイル。ご来店時にサッと束ねた髪のバランスの良さがヒントになりました。

ポイントは、耳にかかるくらい長かった前髪です。頬骨くらいまでの長さにして、パーマをかけウェーブを入れました。ハラリとメガネにかかる前髪に絶妙なニュアンスが宿り、予想以上にこのヘアスタイルを「着こなして」いらっしゃいました。

ご本人は新しい自分を発見して嬉しそうでしたし、気分にもぴったりマッチしたようです。「オーダー通りではなく、長さを残してくれたのが良かったし、メガネが本当に似合うスタイルにしてくれた」と言ってくださいました。

毎日テイストの違うメガネに合わせて髪をアレンジする「メガネライフ」をますます楽しんでいらっしゃいます。

人は自分でセレクトしたものでできています。食べ物、言葉、態度、服、メイク、ヘアスタイル、住む場所……。こだわっているか無意識かにかかわらず、日々共に過ごしているものに波長が合ってきます。

よく「一流になりたければ一流のものに触れろ」と言われるのはこのためです。

初めて会う人たちは、あなたが選んだものから何かしらの情報を得て、あなたの第一印象を決めています。だから、セレクターとしての意識が高い人は、選んだもので自分をより良く見せることができるのです。

「視力が落ちてメガネが必要になってしまった」「年齢を重ねるとともにリーディンググラスが必要になった」という変化はショックかもしれません。

でも、**メガネもあなたの存在感を高めるアイテムの一つにできます。**あなたの魅力を一番引き出す、一番ありたい自分になれる、ベストなメガネを選び出してください。

そして、そのメガネの個性を最大限に表現するヘアスタイルもセレクトしましょう。

脱毛をうまくごまかしたい

部分的に脱毛してバランスが崩れてしまったら

ご病気や治療の影響で髪が抜けるという試練は、特に女性にはつらいことだと思います。「髪は女の命」とも言われますから、髪を失うことは女性としての尊厳にも関わる、最大のピンチではないでしょうか。

脱毛と言っても理由や状態はさまざまです。一部だけ抜ける、全体的に少なくなってしまう、あるいは全部が抜けてしまうなど、状況にも個人差があります。

潔く刈ってしまう方もいらっしゃいますが、その決意に至るまでは大きな葛藤があることでしょう。

counseling 4

仕上がりのご希望は？

お一人おひとり、現状やお気持ちは違うので、対策をひとくくりにはできません。美容師にできることは限られていますが、SOSに応じて最大限、力になりたいと思っています。

あるときお見えになったお客様は大きなご病気をされ、薬の副作用による脱毛の影響が残った状態でご来店されました。

トップの脱毛の程度が大きく、サイドはそれほど抜けなかったようです。生えてきたトップはまだ短くサイドは伸びている段階で、意図せずウルフカットのような形になっていました。

サイドとトップがアンバランスになっていたので、トップに合わせてサイドを短くして、ショートにすることをご提案しました。そのときの私には、この状態からきちんとデザインを作るにはそれが唯一の方法のように思えたからです。

もともと目鼻立ちが整っていて、あごのラインもキレイな方なのです。

前髪も思い切り短くして顔がよく見えるベリーショートにしたら、治療以前のごく普通のミディアムボブよりお似合いでした。

私は、喜んでいただけるだろうと自信満々で鏡を見ました。

でも、鏡に映ったお客様の表情は、あまり明るくありませんでした。後からわかったことですが、ご本人としてはせっかく生えてきたのだから伸ばして、できるだけこれまでと同じでいたいと考えていたようです。

いくら最善策だったとはいえ、お客様の気持ちを充分にヒアリングしきれず、結果的にこちらの意向を押しつけることになってしまったのだと反省しました。

正直に言えば、もう来ていただけないかなと思いました。

髪から息を吹き返した生命力

でも、予想に反して、２カ月ほど経つとそのお客様は「この間はありがとう！」というテンションでまたご来店くださったのです。新しいヘアスタイルを周りの方から「すごく良い！」と言ってもらったと、とても喜んで話してくださいました。

それからは、さらに伸びてきたトップとのバランスを取るようにカットを繰り返していきました。すると、頭により良い丸みがつくようになって、生来持っていたとてもキレイな頭の形を引き出すことができました。

その後、よく行くお店に洋服を買い物に行ったら、ベリーショートに似合うモード系の服を勧められるようになったそうです。ファッションもメイクもモードになり、佇まいも洗練されていきました。

もっと明らかな変化は、よく話すようになられたことです。あまりご興味のなかったシャンプーについてもいろいろ質問してくださり実際に試してみたり、フィットネスジムに行くようになってからは私にジムの良さを話してくださったりと、どんどん快活になっていきました。

そして、今も元気に通っていただいています。「病気をして逆に良かったかも」と冗談めかして話せるほど、つらかった時期のことを完全に乗り越えていらっしゃいます。

髪の持つ力を使って、脱毛による精神的なピンチを救うことができたのです。

突然の大きな病気、治療で弱くなっていく体、髪が抜けるというストレス。きっと生きる自信が揺らいでしまうほどのインパクトでしょう。

でも**「キレイにしていたい」**という気持ちを忘れず美容室を訪れたら、**新しいヘアスタイルを手に入れて、人生が変わるきっかけになりました。**

髪を褒められるようになったことで、傷ついた心が癒され、失われた自信が戻ってくる。そんなふうに、生きる力が再び湧いてくる様子は、まるで冬に固かった桜のつぼみが少しずつ開いていくようでした。

その方は、ベリーショートで生きている今、ミディアムヘアに戻そうとしたときとは違う人生のレールに乗っているはずです。

これから向かう先も、新しい可能性に満ちあふれているでしょう。

counseling 5

カウンセリング５

これから先の
ご予定は？

髪の力で幸せな未来をつかみ取ろう

アメリカのあるアンケート調査で、90歳以上の方に人生を振り返って最も後悔したことを聞いたところ、9割以上の方の回答が同じだったそうです。

それは「もっと冒険しておけば良かった」。私はこの回答に衝撃を受けました。

自分は人生の終わりに「やり切った」と言えるだろうか？「もっとやっておけば良かった」と後悔しないだろうか？　今の生き方を続けていて本当に良いのだろうか？

目が覚める思いでした。そしてシンプルに思いました。

「もっと人生を楽しもう！」

私の人生の予定、つまり目標は「世界で一番、人の心を元気にする美容家になって、世界一の美容室を作ること」です。この目標を見つけたとき、心底ワクワクしました。

あなたは今、自分の夢や目標にワクワクしていますか？　未来に何を望みますか？

女性の人生には、恋愛、就職、結婚、出産といったライフイベントや、それにまつわる避けられないテーマが大きな山のようにいくつもそびえ立っています。

その山にぶつかって、途中で苦しみ悩んだり、入り口すら見つけられずに迷っていたり、つらくても笑顔で登り切ったり……たくさんの女性を見てきました。

そして、そんな方たちを美容師としてどうお手伝いできるのか、考えてきました。


この本の冒頭で「髪で人生が変わる」と言いました。ここまで読んでいただいて、あなたはすでに少しずつ変わってきているはずです。「ありたい自分」に少し近づいたあなたの人生は、望む方向に動き始めています。


さあ「髪で人生を変える」ときです。欲しい未来を欲しいときにつかんでください。

目指す未来に到達するまでには、つらいこともあるでしょう。

でも「ありたい自分」を目指していけば、幸せな人生にすることができます。いつかそれまでの歩みを振り返ったときに「自分が好き」と言える人生になるはずです。


最終章では、髪の力で幸せをつかみ、豊かな人生を謳歌している方々を紹介します。

あなたが人生にワクワクし続けるヒントにしていただけたらと思います。

大切なデートに行く

恋する女性には「ゆるふわ」が最強

恋をしている方って何となくわかるものです。

ウキウキしている気分が表情やしぐさににじみ出ていますから。**そんな様子を見ていると、恋愛も女性をキレイにする要素の一つだと思います**。

もし、気になる人や振り向かせたい人がいるなら、空気の流れや本人の動作に合わせて柔らかく動く「ゆるふわ髪」が最強です。

男性は古来、狩りに出る役割を担っていました。

そのため「獲物を追う」本能があると言います。視界の中で揺れているものがある

ゆるふわヘアスタイル

と、自然と目で追ってしまうのです。だから「男性の視線を集めるためには、ゆるふわヘアが良い」と言われているのでしょう。揺れるピアスなどのアクセサリーも同じ意味合いで使えるアイテムです。

デート前にご来店されたお客様には、特にこのスタイルをよくご提案します。「ゆるふわ髪＝ロングの巻き髪」のイメージですが、実はいろいろあります。

毛束をあえて引き出して、ルーズなシルエットに仕上げるポニーテール、トップと毛先だけに変化をつけたロングスタイル、手でクシュッとスタイリングできるふんわりボブ……。どこかに揺れる要素を加えてあげると、ゆるふわスタイルになります。

彼との旅行の前に、若いお客様が来てくださったことがあります。二人の仲は良好ですし、長時間の移動では巻き髪も崩れやすくなります。軽くアレンジを入れたまとめ髪をご提案しましたが、どうしても巻き髪が良いと言われました。

「ゆるふわ」は恋する女性の心も捉えて離さないのかもしれません。

ヘアスタイルから見る恋愛観の変化

でも実は、一般的な「ゆるふわ」は、誰にでも似合うスタイルではありません。**「とにかくモテたいから」と、あまり似合わないのにふるふわヘアにしても、タチの悪い男性を引き寄せてしまう恐れもあります**。

「お勧めしておいて……」と思われるかもしれませんね。

ただ、そもそも、あなたは本当に不特定多数の人からモテたいのでしょうか？　多くの異性からちやほやされることが人生の目標なのでしょうか？

そんなことはないと思います。「自分にとって大切な存在からモテたい」というのが本当の願いではないでしょうか。

counseling 5
これから先のご予定は？

この数年間で「同性にモテたい」という声もよく聞くようになりました。「友達から人望を集める存在でありたい」と考える女性が多くなってきたのです。男子ウケの良い清楚系スタイルは、以前よりオーダーが減りました。代わりに、異性に媚びない個性的なスタイルが増えています。

昔、映画や漫画などでは「女の子が想い続けた男の子に振り向いてもらってハッピーエンド」という流れがお決まりでした。

でも、女性が社会で活躍の場を広げるにつれて「別々の道を歩む」「一緒に苦難を乗り越えて信頼関係を築く」といった結末も増えていますよね。

女性が男性に守られるだけの時代ではなくなったことが、髪にも反映されています。

異性に愛されることを目指すのもアリ、男性ウケを狙わず「個性」を大切にするのもアリ。価値観が多様化したのです。

本当のモテ髪は「人としてモテる」スタイル

「モテる」という言葉も、いろいろな意味で使われるようになりました。

子どもに好かれやすい、年上の方にかわいがってもらいやすいといったことを「子どもにモテる」「年上にモテる」ということもありますね。

どんなモテ方にも共通しているのは、人間として魅力的であるということです。

人としてモテるためには、あなたの魅力を最も引き出すヘアスタイルにしましょう。髪の力を使って、愛らしさ、強さ、前向きさ、面白さといった、あなたの人間性の持ち味や「ありたい自分」を表現することが大切です。

外見にも内面にも、本当に似合うヘアスタイルを手に入れると自信がついて、内側から輝き出し、その光がまた外見に表れます。

それがあなたにとっての「モテ髪」なのです。あなただけの「モテ髪」を見つけたとき、あなたが一番モテたい人の心にあなたの魅力が響くでしょう。

憧れの仕事に就きたい

仕事によって異なる「好感度」

恋愛だけでなく、お仕事にも好感度が大切ですね。

業界や職種によって、求められる「好感度」は異なります。

例えば、若い「女子アナ」の方たちの間で、不動の定番スタイルは「ミディアムの内巻きヘア」です。毛先が前（内側）方向に向いているので「フォワードスタイル」と言います。

みなさん、人気の理由をご存知でしょうか？

逆に、毛先を外側に向けた「リバーススタイル」を思い浮かべてみてください。

映画『プラダを着た悪魔』でメリル・ストリープが演じた、厳しいことで有名な伝説の鬼編集長は、サイドを外向きに流したショートのリバースヘアです。どこか凄みがありませんか？　リバースは強さの象徴なのです。大きく大胆に後ろに流すほど迫力が出ます。

毛先だけ少し外ハネにすると、元気でフレッシュな感じになります。例えるならキューティーハニーです。こちらも明るくて強気な印象を残します。

それに対して、フォワードスタイルは清純で優しいイメージを与えます。言葉を選ばずに言うと、出しゃばらない奥ゆかしい人という印象になります。

アナウンサーという仕事は、性別・年齢層を問わず、視聴者全般から高い好感度が求められます。そのため、内巻きスタイルを選ぶ傾向にあるのでしょう。

でも、同じニュース系の番組でも、ジャーナリスト系の女性キャスター、あるいは女性政治家にはショートヘアが多いように思います。ビジネスや社会情勢などの話題に合わせて「信頼感」を打ち出そうとしているのでしょう。

同じ職業でも、扱うテーマや商材、顧客層などで「表現したい自分」は変わります。

デキる女性の「3出し」スタイル

仕事の面接の場では「仕事を任せても大丈夫」という第一印象が大切です。

そのために、女性はヘアスタイルで、「おでこ」「耳」「後頭部」の3カ所を「出す」と信頼感が出ます。

これを「3出し」の法則と呼んでいます。

まず、前髪を上げておでこを出し、目の表情をしっかり見せることで、隠し事をしない信用できる人間性を表現できます。

さらに、耳を出して顔周りをスッキリさせれば、明るく見えます。

そして、後頭部に丸みを持たせてボリュームを「出す」ことで、西洋人のように奥行きのある頭の形に近

3出しのスタイル

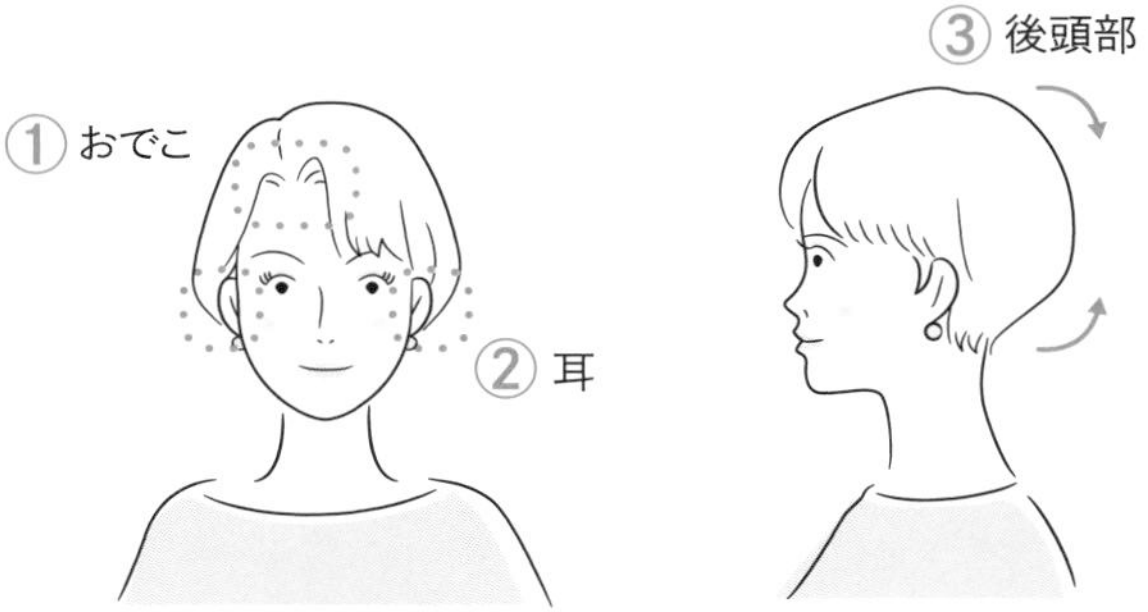

づけます。後ろから見ても隙のないヘアセットになります。

特に、強さを演出したい女性は後頭部にこだわります。**女性は後頭部にある種の色気が宿り、それが凛とした美しさや強さにもつながるのです。**

『プラダを着た悪魔』のメリル・ストリープも「3出し」スタイルに当てはまっています。まさに「デキる女」を演出しているのでしょう。

ちなみに、アメリカ人はヘアセットにかなりお金をかけるようです。「美容室はカットやカラーのために行くところ。セットは自分でする」という日本人の感覚とは違いますね。

また、アメリカでは「ヘアセットはプロの仕事で、人に任せるもの」という認識があるようです。そのため、ヘアメイクさんの地位もとても高く位置づけられていると言います。

自分をブランディングすること、そのためのヘアの演出が大切であることが根づいているのでしょう。日本よりもヘアセットに積極的に投資するようです。

みなさんも大切な会議やプレゼンなど、お仕事の「勝負」の場面では、ヘアセットのために美容室を利用しても良いのではないでしょうか。

王道が必勝スタイルとも言い切れない

以前、あるお客様の息子さんが中学受験のために写真を撮影することになり、ヘアスタイルとファッションのプロデュースをお手伝いしました。

この場合、ヘアスタイルは「キチンとする」というのが常識ですよね。

でも、本人と話をしたら、あるタレントさんの大ファンだということがわかりました。

そこで「そのタレント風ヘアでいっちゃおう」と、少し毛先に動きを出してスタイリングしました。その子らしさを大切にして、自信をつけてあげたかったからです。

服装もジャケットは脱がせて、シャツに少しポイントのあるベストを重ねました。

そして、彼は無事に難関中学校に合格しました。

これはかなり型破りなスタイルでしょう。でも、本人が鏡を見て「自分らしい」「この自分が好きだ」と思えたから、緊張感が解け自然な表情が出て、成功したのだと思っています。

矛盾しているように聞こえてしまうかもしれませんが、**就活や転職の成功のカギはヘアスタイルの問題ではありません**。

私は会社の経営者として、就職活動中の学生さんの「黒染めのひっつめヘア、黒スーツ」スタイルは変えた方が良いと感じています。真面目な方は身だしなみも面接の答えも「きちんと」準備しています。

でも、それではその人本来の姿が見えてきません。

もちろん、相手を不快にさせない、社会の常識から逸脱しないなど、最低限の礼儀は必要です。でも、**大切なのは、その方の「あり方」がにじみ出て、本人が自分にワクワクした状態でいること**。そうでなくては、自分の本当の魅力は表現できません。

「真面目」「几帳面」といった人物像があなたの本来の姿であり、表現したい自分であれば、黒染めスタイルも良いでしょう。そういう人物が求められる仕事もあります。

でも、今一度、あなたが望むキャリアと会社にアピールしたいあなたの魅力は何か、じっくり考えてみてください。

管理職につくため信頼感を出したい、チームを支えるコミュニケーション力をアピールしたい、「当たり前」を覆す斬新なアイデア力で企画職をつかみたい……。

あなたのアピールポイントは、髪色や前髪のディテールなど、髪で引き出すことができます。自然体でいられるスタイルで、リラックスして面接に臨んでください。

髪の力も使って、望むポジションを手に入れましょう！

写真撮影がある

キレイに写る3つのポイント

私は、美容師の他に、フォトグラファーの仕事もしています。
ここでは、写真のプロとして、ちょっとした工夫で「映える＝キレイに写る」ため
のコツをお伝えします。
前にもお話した通り、ツヤのある髪は肌に透明感を出すレフ板の役割も果たします。
そのため、**撮影の前はツヤ感が出るスタイリングが一番お勧め**です。
プロのカメラマンは、写真を撮った後に色味などを補正する「レタッチ」という作

業をします。レタッチをするときは、モデルの肌や爪の先など細かいところまでじっくり見て修正していきます。

でも、あるとき「欠点のなさ＝美しさ」ではないということに気づきました。

例えば、日本人の感覚では、そばかすは欠点というのが一般的です。でも、そばかすのある外国人モデルは少なくありません。

データ上でそばかすを消すことは簡単ですが、私はよくあえて残しています。モデルさんの個性であり、独特の素敵なムードを持っていると感じることが多いからです。

フォトグラファーとしてモデルを選ぶ際、私が注目するポイントは3つあります。

それは、**あごのライン、鼻筋、透明感ある肌です**。**この3つがあれば、良い角度が必ず見つかります**。

特に、大切なのは「あごのライン」です。美しいパーツが揃ってバランスも整った、いわゆる「美人顔」でなくてもきれいに写す自信があります。

それを知っているモデルの方たちは、よく撮影前にフェイスローラーを使っています。血流が良くなってむくみが取れ、フェイスラインが出やすくなるからです。

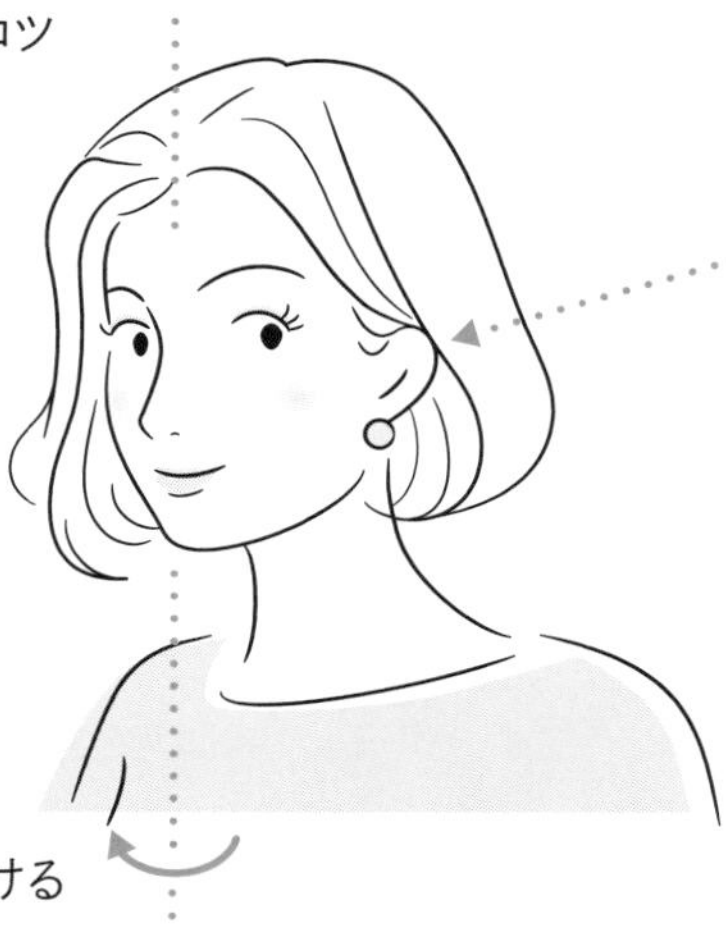

同じように、頭皮の血流を良くしておくことも大切です。頭皮が硬くなって血流が滞ると、顔がたるみ肌もくすんで見えてしまいます。

撮影前には、3章で紹介したアウトバス用のブラシで頭皮を刺激したり、美顔器やローラーで顔周りを刺激したりすると良いでしょう。

ただ、どんなに頑張っても、鼻のラインを高くすることはできません。そんなときは、髪の視覚的効果を使いましょう。

まず、片側の髪だけ耳にかけます。

鼻は顔の真ん中にあるので、目につきやすいパーツです。そこで、髪をアシメトリーにして中心をわかりにくくすると、視線を鼻からそらすことができます。

さらに、髪を耳にかけた側をカメラに向けると、さらに中心を感じづらくなります。

とはいえ、これらは作品としてキレイな写真写りを目指す場合のお話です。

常にフェイスラインや鼻筋を気にしたりごまかしたりする必要はありません。**コンプレックスを隠さず、個性として全面に出して写っても良い**でしょう。

自然に出てきた表情が「好きだ」と思えたら、それもあなたにとっての「良い写真写り」なのです。

誰にでも良い角度が必ずある

一般的に「キレイに写真に写る」コツの一つは、角度をつけて写ることです。

全身の場合も、棒立ちでは体がゆるんで見えてしまいます。左右どちらかに体を向けて少し斜めになるようにして立ちましょう。

プロの方は、どの角度で自分が一番良く写るのか、徹底的に研究しています。

みなさんも、**スマートフォンなどで「正面→斜め45度→真横→後ろ斜め45度→真後ろ……」と、あらゆる角度からご自身を撮影して見てください**。動画で360度撮るのも良いですね。

普段見ない自分の姿を確認するのはちょっと勇気が要るかもしれません。

でも例えば、後ろ姿を見ることで、頭が大きく見えていないかチェックできます。証明写真といった、角度をつけるのが難しい場面では、顔周りの髪を調整するなどして工夫しましょう。普段から自撮りで練習しておくと良いと思います。

チェックする際は、美肌補正などのエフェクトをかけないことをお勧めします。肌の質感や顔にかかる影など、リアルな自分の姿を見つめる時間にしてください。

街では自撮りでかわいく見える角度を探している女の子や、車のスモークガラスで自分の姿をチェックしている男の子を見かけます。そんな人たちを「自意識過剰」と笑う人もいるでしょう。

でも私は、自分にちゃんと向き合う「ナルシスト」をすごく肯定的に考えています。これは「自分はイケている」という自己肯定感がないとできないことですから。

人前では恥ずかしいと感じるなら、一人のときにどんどんやってください。**これは美の自主トレです。誰でも「かわいくなろう」「カッコよくなろう」として良いのです**。「私なんかがかわいくなりたいと思うなんて恥！」と、心にブレーキをかけているメンタルブロックはすぐに解除しましょう。

インスタグラマーやインフルエンサーの方々は、自撮りマニアのようなところからスタートしているのかもしれません。彼らは「自分は人に見せる価値がある」と思えるようになって、仕事や生き方の選択肢も広がっていったのではないでしょうか。

外見と向き合うことが、人生と向き合うきっかけになることもあるのです。

もっと仕事を頑張りたい

ポジションにふさわしい身なり

仕事によって、説得力のある身なりや佇まいというものは必ずあります。

例えば、美容師は美の価値を売るのが仕事です。

特に私のお店では、ヘアスタイリングだけでなく、髪質の改善やインナービューティーを含めたトータルビューティーを商品としています。

もし、カラーした毛髪の根元が伸びて「プリン」になっている美容師から「髪をキレイにしておきましょう」と言われたらどうでしょうか。インナービューティーをアドバイスする美容師が毎晩夜更かしをして食生活もおろそか、肌荒れして顔がむくんでいたらどうでしょうか。

「あなたに言われたくない」と思いますよね。

そのため、私のお店では、スタッフ同士でいつもお互いにチェックしています。


お客様の一人に、編集の仕事をしている方がいらっしゃいます。

超多忙なため、彼女のオーダーの第一条件は「毎日のセットがとにかく楽なこと」。

とはいえ、編集者として世の中の空気に敏感な雰囲気は持っていたいものです。そのため、いつも流行を多少意識したショートヘアにしています。

ヘアスタイルはご本人のイメージや仕事上の説得力と同様に、ライフスタイルに合っているかどうかも大切です。この方が毎日ブローやセットに長時間かけていたら、良い仕事はできないでしょう。

仕事に集中するための心地好さも「ポジションにふさわしいスタイル」の一つの要素と言えます。

良い意味で「あざとく」人を惹きつける

新しい仕事を始めたりポジションが変わったりしたとき、まずは「一人前」を目指して頑張りますよね。そんな状況でも、髪の力はあなたを助けてくれます。

美容師にとって、アシスタントからスタイリストになるのは、一人前になった証であり昇進です。

あるスタッフが「いよいよスタイリストデビュー！」となったとき、大変身して現れたことがあります。それまでのクールなイメージから一転したので、私も少し驚きました。

彼女はストレートで前髪長めのショートボブスタイルで、大人っぽく見られるタイプでした。入店時も「パーマのかわいさは私向きではない」と言っていました。でも、デビューが近づくと急に毛先を巻き始めたのです。ファッションも少しフェミニンになり、香水をもまとうようになりました。

詳しい理由を本人に直接聞いたわけではありませんが、スタイリストとして新たに挑戦する前に自分を見つめ、思うところがあったのでしょう。

そして、デビューの日。たまたま予約なしでお客様が来店されたので、そのスタッフに担当してもらうことにしました。すると、裏でリップと香水をつけ直して、髪をチェックしている彼女の姿が見えました。

もともと男性に人気のあるスタッフでしたが、このイメージチェンジでさらに男性のお客様の心をつかんでくれるだろうなと、経営者として頼もしく感じました。

彼女は自分の武器をうまく使い、良い意味で「あざとさ」を発揮してくれたのです。「あざとい」という言葉は、よくネガティブにも使われます。確かに、ライバルを貶めて自分の価値を上げようとするやり方は、ネガティブな「あざとさ」でしょう。でも、**自分の魅力を武器として人を喜ばせようとするのは良い「あざとさ」**だと思います。

自分の良さをためらわずに使えるポジティブな人のところに、どんどん人は集まってくるのです。

「上のポジションに行きたい」「起業したい」といった目標を持っているけどうまく

れていない……。そんなときは、一緒に働く人やお客様へ、あなたの価値を表現しきれていないのかもしれません。

ショートヘアにした途端にブレイクした女優さんが何人もいるように、**髪で評価が一気に変わることもあります**。

「行き詰まって何をしたら良いかわからない」「新しい環境に怖気づいてしまう」と動き出せないでいるなら「形から入る」という言葉があるように、あなたが目標にしている人やその道のトップの人のマネをしてみるのも一つの手です。

ヘアスタイルを変えることは、一歩を踏み出す原動力になります。

結婚したい

相手の喜ぶことをマーケティングする

近頃は仕事や勉強が忙しいため新しい出会いがなく、結婚するきっかけがなかなか訪れない、という人が多いように思います。

ご結婚が決まった女性のお客様の中には「プロポーズさせた」と言う方が何人もいました。「草食男子」という言葉が生まれた頃から、女性の方から戦略的に進めていかないと、結婚まで運べなくなっているようです。

髪や美容も、その戦略の中でぜひ役立ててください。

そこで、まず一つ注意していただきたいことがあります。

一般的に、ブランド品をたくさん身に着けていると「収入的に養えない」と敬遠されてしまうと言われます。逆に、ファストファッションばかりでは、男性は「安っぽくて何か燃えない」ようです。

高級すぎるのも庶民的すぎるのも、厚化粧でも素顔そのままでも良くありません。バランスが大切です。

とはいえ、経済状況や好みは相手によりけりでしょう。

ですから**「相手が何を喜ぶのかをマーケティングできる人」が一番強い**と言えます。

これは、私たち美容師が日頃意識していることでもあります。

美容師は、その方がどうなりたいのかを知るために、どう褒められたら嬉しいのかを探っています。「この言葉でテンションが上がった」「これをしたら笑顔になった」という事柄を積み上げていくと、相手のことがだんだんわかってきます。

会話の中では、褒め言葉を少しずつ変えています。

例えば、ただ漠然と「キレイですね」と褒めるのではなく、必ず「おしとやかに見えるし、若々しくてキレイですね」のように具体的に表現します。そして、良い反応があれば「おしとやか」「若々しい」のどちらの言葉を気に入ったのか深掘りしてみます。

「若々しくなりましたね」では反応が薄かったけれど「上品になりましたね」と伝えたときは「あ、本当ですか」と嬉しそうに答えた。その場合は「品がある」の方を求めていることがわかります。こうして、**その方に響くキーワードを絞り込んでいく**のです。

こうして、お客様に接しているうちに、私はあることを発見しました。

3つ褒めると、多くの人は「そんなことはないんですよ、私にもこんな悩みがあって…」と、心を開き始めるのです。気になる方の心を開きたいときは**「3つ以上褒める法則」**も使ってみてください。

そもそも、人は褒められて悪い気はしないもの。褒めるスキルを上げて、相手を喜ばせつつ、ワクワクポイントをたくさん探せるようになりましょう。

それから、一所懸命相手を探していると忘れがちですが、もっと大切なことがあります。

結婚はゴールではありません。パートナーとして長いこと一緒に過ごしていく、新しい人生のスタートなのです。

つまり、お互いが相手にとって居心地の良い空間を作る努力も必要とされます。「相手が喜ぶことを本気で考えて実行する↓相手が喜ぶことで自分がワクワクする」というプラスのサイクルを作ることが、幸せな生活を送るために一番大切です。

もちろん、二人のワクワクの基準は自分たちで決めて良いと思います。見た目で言えば一般的には「ゆるふわ」がモテの最強でも、相手の好みに合わせてショートヘアにしても良いでしょう。

相手の好みに合わせるのは、相手の色に染まって自分の色がなくなるように思われるかもしれません。でも、相手の好きなファッションやヘアスタイルに変えたからといって、必ずしも自分がなくなるわけではないと思います。

相手が喜ぶことを自分が選んでいるなら、主体的な行動と言えるはずです。

髪が恋愛脳へのスイッチになる

バリバリお仕事をしている女性は、充実感にあふれてイキイキしています。

さらに、**恋愛もしていると、満たされたハッピーオーラのような輝きも出てきます。**

あるお客様がご結婚を決めたときがそうでした。

その方とは20代後半からのおつき合いですが、30代が近づくにつれて、お仕事の責任が少しずつ大きくなっていったようです。ご来店されたときに「少しお疲れなのかな」と感じるときもありました。

でも、いつも明るく人づきあいも良い方で、食事や飲みが好きという共通点から、お店の情報交換をするなど、ご来店時は楽しくお話していました。

いつも明るくカラーしていましたが、明るい色味にするのも限界があります。

そこで内側だけ違う色にする「インナーカラー」をご提案しました。内側の一部をブリーチしてシルバーに近いくらい明るくしたのです。

それを機に美容が面白くなり、興味が出てきたようでした。もっとヘアに投資されるようになったのです。「友達のために」とヘアケア剤を購入することもありました。前よりも毎日を楽しんでいるようでした。「ウキウキ感」がにじみ出てさらに明るくなり、疲れた感じもすっかりなくなりました。

私は彼女の中で、人生のスイッチが切り替わったことを感じました。

その頃から、お食事に行くお店の話を聞くと、女子会というよりデートというセレクトになっていきました。「もしかしたら……」と思っていたところ、「結婚することになりました！」という嬉しいご報告を受けたのです。

「愛されスイッチ」を見失わないために

意識的にスイッチを切り替えて、あっという間にご結婚を決めた方もいます。

ほんの少し前に、失恋の話を伺ったような気がしていたので驚きました。

よくお話を聞くと、前の彼とお別れした後「結婚したい」と思ってすぐに婚活を始め、約半年後に婚約したそうです。

「結婚する」と決めてからは、すぐにヘアケア用品をチェンジ。お勧めしたシャンプーとトリートメント、アウトバス2種類を使い始めて、髪がツヤツヤになりました。するると、表情や雰囲気に自信があふれて「本当にキレイになられたな」という印象を受けました。この頃は、来店の頻度も3倍くらいに増えていたように思います。同時に出会いを求めて具体的な行動を起こし、気の合う方を見つけてから2回目のデートで結婚を決め、お相手のご両親に挨拶に行ったそうです。

そして、将来のお義母さんからの最初の言葉は、なんと「髪がキレイだね」だったと言います。その後は、お勧めのシャンプーの話で盛り上がったというエピソードまで話してくれました。

私が男性なのでなおさら感じることかもしれませんが、**女性の幸福感には「大切な人のために美しくありたい」という想いがとても強く影響しているように思います。**ただ「女性の幸せは男性に愛されること」という、一元的な価値観の時代は終わりました。「仕事やステイタスが第一」というフェーズに長く身を置いている方も多くなっています。男性たちの中で自分のプレゼンスを発揮しようと奮闘している方にとっては、男性は自分の物語の中の脇役のような存在になっているのかもしれません。何でも器用な女性は、男性が気づかないところによく気がつきます。そのため、責任が増すと、どんどん厳しく「怖い」キャラクターになっていき……男性にとって、近づきがたいオーラが出てしまうのです。

「今は仕事を頑張りたい。婚活という言葉にも抵抗があるし……。自然な出会いのタイミングに任せたいと思っている」。そんな気持ちもよくわかります。

でもだからこそ、**恋愛モードに入りたいときにすぐに切り替えられるようにしておいてほしい**と思います。

仕事に邁進して「怖いキャラ」が染みついてしまうと、本当はかわいらしい部分を持っていても、なかなか出せなくなります。「愛されキャラ」のスイッチは、心の奥底に埋没してしまうと、見つけ出すのに苦労するでしょう。

ヘアスタイルをエレガントに仕上げたら、無意識に柔らかい表情や振る舞いが出るようになります。そして周りの男性から優しくされると、忘れていた「愛される」モードに戻れるのです。

だから、私は頑張り続けている女性たちに、ちょっと柔らかさや優しさを感じられるスタイルを提案したくなります。「愛されスイッチ」を、いつでも押せるところに出しておいてあげたいのです。

もちろん、今スイッチを押すのも押さないのも、あなた次第です。

「結婚したい」「この人だ！」と思ったときに、ポチッと押してもらえたらと思います。

幸せな結婚生活を送りたい

オープンマインドが幸せを呼び込む

お客様から、幸せな結婚生活の秘けつを勉強させていただくこともよくあります。

その方たちはみなさん、もれなく圧倒的に人生を楽しんでいらっしゃいます。

娘さん、息子さんと家族ぐるみでご来店いただいているあるお客様は、私のことを「座っているだけでおしゃれにしてくれる美容師さん」と言ってくださいます。

この方は私の提案に「ＮＯ」をおっしゃったことがありません。「柔軟に受け入れてみたら、想像以上に良い雰囲気になれたから」と言って、全て任せてくださるのです。

これまでに、強いカールのパーマスタイルや刈り上げのベリーショート、ブリーチで派手な赤髪など、方向性の違うさまざまなスタイルに挑戦されてきました。

60代になられていますが、チャレンジ精神は全く変わりません。

お仕事などでヘアスタイルの制約がないこともありますが、常に自分の可能性を信じていて、何ごとにもオープンな姿勢だから、思い切って未知の世界へ飛び込めるのでしょう。本当に素晴らしく前向きなのです。いつも「新しい自分を引き出してもらう場所」として、ご来店くださっています。

ご家族の中で、若い娘さんや息子さんよりも、お母様は「明るさ」がずば抜けています。趣味でダンスを始めてステージ用に金髪になさったこともあるくらい、本当にアクティブです。スタッフとの会話でも、ご家族のことから趣味やアイドルのことまで豊富な話題で楽しませてくださいます。

人生の先輩ながら好奇心が旺盛で「とてもチャーミングな方だな」と思います。

そして、お母様の夢は、成人した娘さんにご自身の振袖を着てもらうことでした。

娘さんはメンズファッションを好むボーイッシュな方で「振袖を着て写真館で撮影するなんて恥ずかしいから絶対にイヤ」と、初めは断固拒否していました。でも、話し合いの末に「木田さんのスタイリングで撮影するならＯＫ」と歩み寄ってくださいました。

責任重大の私が選んだのは、モヒカンヘアでした。短い髪のサイドをピンで留め、モヒカン風のアップスタイルにまとめて、ファンキーな振袖スタイルに仕上げました。お母様は念願の娘さんの振袖姿に大喜びでしたし、娘さんもこれなら良いと受け入れてくれたので、思い出の写真を残すことができました。

「**家庭の真ん中にいるお母さんが明るく前向きでワクワクしながら自分の人生を生きていると、家庭もそうなっていく**のだな」といつも感じています。

人生を楽しむ「自分時間のスタイル」

「何でもＯＫ」とは反対に、一貫して同じスタイルを続けるお客様もいらっしゃいます。ご主人も、娘さんも夫婦で弁護士。ときどきお孫さんを預かって家庭を守る、60

代の方です。いつも変わらず往年の「聖子ちゃんカット」のような、両サイドを大きく後ろに流したリバーススタイルをご希望されます。

この方がずっと同じスタイルでも「劣化」しないのは、自分に確固たる自信があるからです。自分の価値がよくわかっていらっしゃいます。

その価値を下げないよう、白髪を染め、コシがなくなった髪にパーマをかけて、80年代の若く一番輝いていた頃の自分をキープしています。

長年、同じスタイルを続けていると頑固だなと思われるかもしれません。

でも、この方は「頑固」とは違います。自分軸で動いている「スタイルを持った人」なのです。

頑固な方は、あらゆることに対して「こうでなくてはならない」と思い込みがちです。そして、他人の尺度で自分の物事を決めています。「人からこう思われたくないから、このヘアスタイルにするべき」のように考える傾向があります。

一方**「スタイルがある人」の判断基準は、あくまでも自分**です。「私が好きだから、このヘアスタイルにする」と、**自分の価値観を大切にする「自分時間」の中で生きて**

います。他人にどう思われるかを考えることには、大切な時間を費やしません。

このお客様はお好きな歌手のショーの前には少し髪色を明るくされたり、着物に合うヘアセットをオーダーされたりもします。その歌手の話をするときは、いつもウキウキしていて、恋する乙女のようで本当にかわいらしいのです。

いつまでも「キレイでいよう」「トキメキを大切にしよう」とモチベーションを高く保ち、ハッピー感を出し続けていられるのは、豊かな生活を送られていることもあるでしょう。でも、逆に、常に高いモチベーションがあるからこそ、理想的な男性を射止めて結婚し、円満な家庭を築かれたとも言えるのではないかと思います。

自分のスタイルで結婚生活を送っているお客様もいらっしゃいます。

その方が女子大生だった頃、父が担当していたときから来てくださっていて、30年来のおつき合いです。ヘアスタイルはキリッと「3出し」のショートヘア。今ではコンサル業など複数のビジネスを手がける実業家です。超常識的なタイプかと思っていたら、ある日自分のダンスのショートムービーをSNSに投稿して、多数のフォロワーを獲得していました。想像のナナメ上を行く行動力を見せてくださる方です。

この方は旦那様と2人家族で、都内にそれぞれがご自分の家を持っています。さらに山荘を所有していて、都内の家と山荘を行来するライフスタイル。ご夫婦は月に数日会って一緒に過ごすそうです。

自分たちがワクワクできる生活を選んで、まさに「自分時間で生きる」を体現しています。**結婚生活や幸せの形に「こうあるべき」はない**のです。

経験値のオーラは若さに負けない

人生の円熟期を迎えるお客様たちを見ていると、歳を重ねることに対する姿勢は大きく2つに分かれていきます。

一方は「いい感じで年を重ねていこうとする」タイプ。白髪が増えたら染めずにグレイヘアに移行して、ゆるいウェーブなどの「おばあちゃん」の路線に乗りつつ、キチンとメンテナンスしてキレイを保っていきます。

もう一方は「若いときの雰囲気を維持して、年齢を感じさせない」タイプ。こちらは、トップに分け目を作らず、無造作で立体的に仕上げたスタイリッシュなヘアスタイルを選ぶ方が多いです。

それぞれのタイプの方々は、生きているフィールドや環境が違います。

前者はお孫さんの面倒を見たり、同年代の方たちのサークルで趣味を楽しんだりしながら、心穏やかに暮らしています。後者はお仕事やボランティアなど、社会に活動の場を持って、若い方たちの中で忙しく過ごしています。

どちらも素敵な人生です。どちらが理想的ということはありません。

いずれにせよ、**素敵に歳を重ねている方々の共通点は「経験値の高さ」です**。

幸せな結婚生活を送っている方もお仕事で活躍されている方も、今に至るまでにいろいろな経験があったと思います。決して良いことばかりではなかったでしょう。心が折れてしまいそうなこともあったにちがいありません。

素敵に年を重ねるヘアスタイル

いつまでも
若々しくいたいなら……
いい感じに
歳を重ねたいなら……

これから先、あなたにも働き盛りで忙しすぎたり子育てで自分の時間が取れなかったり、パートナーとのすれ違いや家族との別れなど、つらい局面が訪れることもあると思います。

でも、**人生で大変なときも、その経験を貯金だと思って積み重ねていってください**。

「若さ」という美しさを持つ花は、いつか必ず散ってしまいます。その花びらが散った後でも、新たな美しさで輝くことができたら、幸せは続いていくはずです。

さまざまなことを乗り越えてきた経験という養分があれば、若さだけでは咲かすことのできない「あなただけの美しい花」を再び咲かせることができるでしょう。

つらいときも嬉しいときも、髪はいつもあなたと共にあります。あなたを励ましたり助けたりしてくれます。私はそんな髪のパワーを引き出して、あなたが人生を幸せに生きる力になれたらと思っています。

おわりに

1990年代から続いていた「分厚いパッツン前髪」が主流の時代は終わり、2020年の到来を前に、小さく薄い前髪の「シースルーバング」が流行し始めました。私は、これは小さな変革だと思っています。

分厚い前髪の流行は、アイドルグループの時代とともに始まりました。日本人男性の「若い子こそがかわいい」という価値観に、女性たちが合わせてきました。

少しヌケ感があって大人っぽいシースルーバングの流行から、男性の好みに振り回されない、自立心の強い女性たちの時代になったことを感じています。

私が育ってきた1980年代以前は、大スターが出てくると、みんなが揃ってそのヘアスタイルやファッションを真似しました。エンターテイメントはテレビや映画、雑誌などしかなく、情報が少なかったからです。女性の生き方や幸せの価値観も画一的で、絶対的なゴールがある時代でした。

やがてインターネットが普及し、私たちは今膨大な情報の中で生きています。

さまざまなものから好きなものを見つけ出し、同じものを好きな人たちが集まって、たくさんのコミュニティが作られました。そして、その中のスターが特定のコミュニティ内で活躍するようになりました。

ヘアやファッションも多様化してきて、それぞれが属するコミュニティの中で生きるスタイルを探して、女性たちも自分らしさを持つようになっています。

でも逆に、膨大な情報に埋もれて何を選んだら良いのかわからず、動けない人たちもいます。常に選択を迫られて、若い人の多くがストレスを感じています。「正しい選択をしなければいけない」と、プレッシャーを感じているようです。

私は着てみてワクワクしたら、その服を買ったら良いと思います。メイクも好きなようにやってみて、自分で「キレイになった！」と嬉しかったら、似合っているはずです。そんなふうに選べば良いと思います。

たとえ何か選択を間違えたとしても、それは悪いことではありません。私はむしろ、自分の店のスタッフたちには失敗を経験してほしいと思っています。失敗の後は、飛躍的に成長できるからです。

困難は無い方が良いと思われそうですが**「難」が無いのは「無難」な人生です。「難」が有れば、つらく大変な時間を過ごすことになりますが「有り難い」人生になります**。

私自身、28歳で店を継ぎ、経営やスタッフの育成に試行錯誤した時間は、とても苦しいものでした。

仕事のためになりそうだと目についたものは何でもやってみて、形にならなかったこともたくさんありました。一番大きな失敗は、大手の美容室のやり方を街の美容室に持ちこんで、結果的に父のスタッフとして働いていた従業員を辞めさせてしまったことです。

間違いなく、この経験は私の人生にとってとても大きな困難でした。

でも、この転機がなかったら、経営の苦労や維持するための努力、従業員の生活を背負う責任、人を育てることの大切さなどを、身をもって知ることはなかったでしょう。ずっと小さな世界の王様気分で、成長が止まっていたかもしれません。

だから今は、**つらかったけれど「有り難い」経験と言うことができます**。

この経験から得た知見を、若いスタッフに繰り返し伝えています。初めは戸惑い、反発していた人も、言い続けていると耳を傾け、少しずつ変わっていきます。

そしてある瞬間、やる気に火がつくのです。

私もようやく、スタッフたちのモチベーションを上げられるくらいに成長しました。

そして、そんな若い人たちが伸びていく姿を見ることが、楽しくて仕方ありません。

出会った人みんなの心に火をつける「人間チャッカマン」になれたら……。

そんな思いからこの本を書きました。

ここまで読んでくださったあなたはもう、髪の持つ力を知っています。

そして「ありたい自分」で望む未来を生きている姿を思い描いて、ワクワクしているのではないでしょうか。

最後に、これから人生を歩んでいくあなたへ、一つだけアドバイスがあります。

「どちらの道を選んだらいいかわからない……」。そんな選択の岐路に立ったときは、次のことを思い出してください。

「正しい」よりも「楽しい」を選べば人生間違いない!!

どんな結果になっても自分の責任で「楽しい」と思える方を選んだのであれば、自然とその生き方に没頭できるでしょう。そして、結果としてあなたにとっての「正しい」人生になるはずです。


私はこれからも美容師として、みなさんの**「キレイになれる可能性」を引き出すことで「日本の女性たちの自己肯定感を世界一高くしたい！」**と思っています。

それが、美容師である私のコミット（責任）なのです。

そして、家族やスタッフ、お客様（特に本書の執筆にあたり、エピソードの掲載を快諾してくださった皆様）……関わる全ての人へ、ありのままの気持ちを伝えていきたいと思います。


「ありがとう！」

「最高です!!!」

「愛してるよ!!」

感謝や愛を言葉で伝える。これが私の自己表現であり、自分だけでなく、周りの人も「幸せ」にする方法だと思っています。

私が好きな名言があります。

「人生とは自分を見つけることではありません。人生とは自分を創ることです」(ジョージ・バーナード・ショー)

ここに一言つけ加えたいと思います。

「人生とは自分を見つけることではありません。人生とは自分を創ることです。その唯一の方法とは、感謝や愛の自己表現をすることです」

この多様性の時代、髪を通して自分らしさを見つけたあなたが、心から楽しんで自分を表現し、幸せな人生を送ろうとする心に火を灯せたとしたら、こんなに嬉しいことはありません。

あなたの毎日がいつもワクワクで満ちていますように。

木田昌吾

プロフィール

木田 昌吾（きだ・しょうご）

ヘアサロンオーナー／シャンプーソムリエ／フォトグラファー

1981年生まれ。美容師歴20年。オーソモレキュラー医学（分子栄養学）の資格を取得。

ユーグレナサプリメントの美容師販売実績は日本一。

大手ヘアサロン勤務を経て、2009年8月に『Hair Boutique KEEP』を継承。サロンワークを中心に、カメラワークやデザインワークなどフォトグラファーとしても活動を開始する。

2013年3月、一人ひとりに合わせた「髪質改善」を提供するヘアサロン、『Keep HAIR DESIGN』を自由が丘にオープン。現在、都内で2店舗を経営している。2020年秋頃に、3店舗目を自由が丘でオープンすることが決定。

その他、シャンプーソムリエの資格を取得し、企業のシャンプーや化粧品開発に携わるなど、スキンケアから健康、美容に特化したアドバイザーとしても活動している。

2016年4月には、自由が丘の美容室の団体JSSで「自由が丘シャンプー＆自由が丘トリートメント」を共同開発するなど、活躍の幅を広げている。

髪が女のすべてを決める

2020年 8 月23日　初版発行

著　者　木田昌吾
発行者　野村直克
発行所　総合法令出版株式会社
〒103-0001 東京都中央区日本橋小伝馬町15-18
ユニゾ小伝馬町ビル9階
電話 03-5623-5121
印刷・製本　中央精版印刷株式会社

落丁・乱丁本はお取替えいたします。

ISBN 978-4-86280-759-5
総合法令出版ホームページ　http://www.horei.com/